数学教育与课堂实践

SHUXUE JIAOYU YU KETANG SHIJIAN

施立云　袁　辉　刘千柱 / 著

经济日报出版社

图书在版编目（ＣＩＰ）数据

数学教育与课堂实践 / 施立云，袁辉，刘千柱著
. -- 北京 : 经济日报出版社，2019.3
ISBN 978-7-5196-0504-9

Ⅰ. ①数… Ⅱ. ①施… ②袁… ③刘… Ⅲ. ①数学课
－教学研究－中小学 Ⅳ. ①G633.602

中国版本图书馆CIP数据核字(2019)第045047号

数学教育与课堂实践

作　　者	施立云　袁　辉　刘千柱
责任编辑	周璠
出版发行	经济日报出版社
地　　址	北京市西城区白纸坊东街2号（邮政编码:100054）
电　　话	010-63567691（编辑部）63516959（发行部）
网　　址	www.edpbook.com.cn
E - mail	edpbook@126.com
经　　销	全国新华书店
印　　刷	北京建宏印刷有限公司
开　　本	185mm*260mm 16开
印　　张	7.125
字　　数	130千字
版　　次	2019年3月第一版
印　　次	2019年3月第一次印刷
书　　号	ISBN 978-7-5196-0504-9
定　　价	39.00元

前言

随着科技的发展、社会的进步，教育理论和教育技术也突飞猛进。如何转变教学观念，将数学的外在知识转变为学生自身的知识能力是数学课堂教学的重要课题。由于社会对学生的要求不断提高，课堂教学的模式也要向全面发展、活跃思维、主动参与的方向前进，通过智力发展的途径使得学生获取知识，同时这也是不断提高教学手段、提高课堂效率的重要途径。

新课程背景下，数学教学经历了一系列的改革尝试，在走素质教育这条道路上已经取得了很大的突破。但是，纵观各个学校的数学课堂教学，仍普遍存在着学生兴趣不高、对知识的灵活运用能力差，教师教学模式单一、教学效果不理想等问题。因此，我们对数学教学的改革探索还不能松懈，还需要进行不断的尝试。

在新课程的标准下，学生需要在自主探究中发现数学的趣味性，需要在动手操作中体验数学的实用性，需要在合作交流中体会数学的发散性。素质教育要求下的小学数学，不只要求学生掌握固定的基础知识，会基本的简单运算，还要让学生作为学习的主体真正参与到数学学习中，用心去感受数学，手、脑、眼并用，提高自身内在的数学素养。对于教师而言，过去传统的、落后的、单一的教学模式已经不再适应学生的学习需求，新课程中，教师只不过是学生自我发展的引导者和促进者，带领学生以积极的心态调动原有的认知和经验，尝试解决新问题、理解新知识，在教学实践中不断发现自己的不足，加以改进。

基于此，本书将从开放式素质教育理念着眼，分析其意义所在，并探究优化数学课堂练习设计的实践优化方法。在这一过程中，注重小学数学课堂的练习设计，让练习真正发挥其实效性，检测学生的学习效果，分析教学的难点与重点，提升教学实效性是数学教育与课程实践的终极目标。因此，教师需要精心进行课堂练习设计，把控练习时间与难度，开展分层练习，让不同水平的学生得以全面的发展。

前 言

目　录

第一章　小学数学课堂

第一节　小学数学学科的基本特征

一、数学及其特征

如何认识数学?《全日制义务教育数学课程标准(实验稿)》(以下简称《标准》)指出：数学是人类生活的工具；数学是人类用于交流的语言；数学能赋予人类创造性，数学是一种文化等。在这里，并没有对数学给出严格的定义。数学是什么?古往今来，看法不一。从数学所从属的工作领域看，数学是技术、是逻辑、是自然科学、是艺术、是文化。

从数学的对象看，数学是研究数和量、研究现实世界的数量关系和空间形式、研究模型、研究演绎系统、研究形式系统、研究无穷；从数学的社会价值看，数学是科学的语言、是对事物的规律进行定量研究的工具、是数字的游戏……这些都可以作为数学的解释，但仍未能充分地概括出现代数学研究的全部特点。我们还是不能给数学一个完美无缺的、一成不变的定义，因为数学仍在不断地发展着。无论如何，仅仅用数学是“研究现实世界数量关系和空间形式的科学”来刻画数学已经远远不够了。

一般说来，数学具有这样的基本性质:“第一，数学的对象是由人类发明或创造的；第二，数学的创造源于对现实世界和数学世界研究的需要；第三，数学性质具有客观存在的确定性；第四，数学是一个动态发展的体系。”可以说，数学在现代科技和社会生活的各方面都扮演着不可替代的角色。要想比较全面地了解数学学科，对其特征的把握显得非常必要，下面我们主要介绍数学的三个特征。

数学具有抽象性。数学的抽象，也就是保留具体事物在数量关系和空间形式方面的本质属性，而排除其他非本质属性。数学抽象的最显著的特征，往往是用模型来概括同类对象或同类对象关系。“3×2”这个式子，就是一个没有任何具体内容的数学模型。应该看到，数学的抽象使其能以形式化、符号化和精确的语言来表现极其复杂的对象和思想。

数学具有逻辑性。弗兰登塔尔认为数学有一个最大的特点，那就是对任何一个陈述都可以确定其对或错。因为只有数学可以加上一个强有力的演绎结构，这就是所谓的数学的逻辑严谨性。数学的结果是从一些基本概念（或公理）出发并采用严格的逻辑推理而得到的。在这里，经验能起一定的作用，但经验本身不是获得数学推论（推理）的依据。数学的逻辑性还带来语言的精确性。这使得其他学科也借助数学语言来准确地表述概念或由经验所获得的发现。

数学的逻辑严谨性还表现在它的系统性上。应该说，数学是以最简洁、最精确、最稳定的模型来揭示最本质、最抽象的关系系统的理论。从算术的角度看，其知识的主要逻辑结构的要素是概念、性质、定理、法则、公式、基本方法、基本数学思想等。数学具有运用的广泛性。

我们知道，数学在其发展的早期主要是作为一种实用技术或工具，广泛应用于解决人类生活和社会活动的各种实际问题。随着数学的发展和人类的进步，数学的应用已经扩展和深入到更一般的技术和科学领域。近代以来，数学又进入了人文社会科学领域，并在当代使人文社会科学的数学化成为一种强大的趋势。同时，数学在提高人的素质方面具有特殊的教育功能。所以，数学已经不再是单纯的一种工具，它已经成为解决许多重大问题的关键性的思想与方法，由此产生的成果，极大地改变着我们的生活方式。并且，正是数学的抽象性决定了它应用的广泛性。

二、小学数学的特点

《标准》指出："作为教育内容的数学，有着自身的特点与规律，它的基本出发点是促进学生的发展。"这是对学校数学学科的一种重要阐述，对改进学校教与学活动具有重要意义。小学数学具有自身的特点。认识这些特点，对于小学数学教师树立正确的学科观是必要的。我们试从"成人数学与学生自己的数学""学校数学与街头数学"以及"学校数学与数学科学"三个角度讨论小学数学的特点。

（一）成人数学与学生自己的数学

关于小学数学这个问题，目前有两种不同的中心意义。

第一种观点主要是从学科的角度来看待小学数学学科，认为小学数学也是数学学科的一个部分，是以算术知识为主要内容的一个逻辑体系，主要包括数的认识、加法、减法、乘法和除法等内容。成年人可以把它教给学生，学生可以把它作为今后学习其他知识的基础和生活中有用的工具。

第二种观点主要是从学生的角度来看待小学数学学科，认为小学数学是“儿童自己的数学”，而不是成人的数学。事实上，在学生的生活中处处有数学。他们在日常活动中经常有加、减等运算的体验，如购物活动、游戏活动等，但也会碰到各种其他的数学问题。

数学是学生在生活与活动中产生，学生是通过探索他们自己的生活世界和精神世界来了解并获得数学知识的，是通过大量的实践活动来获得数学知识的。因此，从某种意义上说，学生为了了解他们周围的世界而需要学习数学，并通过问题解决的过程来发展自己的数学认知能力。就学生而言，数学是他们日常生活的一个部分。这一点是小学数学的重要特征，从学生角度来看待问题是重要的。我们不能够把学生看成一张白纸。这就决定了小学数学学习的基本方法是对经验现象的逻辑归纳和引申。因此，小学数学教学要解决的一个问题是：如何帮助小学生实现生活经验的“数学化”。

（二）学校数学与街头数学

对小学数学认识的第二个角度是区别学校数学与街头数学。国外的很多研究把大众生活中的数学称为街头数学。事实上，数学不应仅仅是学校教室中的活动，还应是一种社会性的活动。家里、公园里、商店里都可以是数学课堂，都有数学问题和数学知识。数学不仅仅是学校中的书本知识。因此，小学数学既是一种知识形式，又是一种活动；既是学校中的一个学科，也是学生在生活中的一种思考的方式。小学数学的内容与小学生的生活具有本质的联系，因此学生的数学学习内容应当是现实的、有趣的、富有挑战性的，这些内容有利于学生主动从事观察、实验、猜测、验证、推理、交流与解决问题等活动。

在数学课堂中，应该充分为学生提供自主探索、合作交流、积极思考和操作实验的器械，现实的、有趣的和探索性的数学课题学习活动已经成为数学学习内容的有机组成部分，学生可以自己通过各种媒介获得信息，进行数学思考活动。对学生来说，数学是现实的、有趣的和有用的。

（三）学校数学与数学科学

对小学数学认识的第三个角度是区别学校数学与数学科学。我们经常讲“数学”“数学科学”等，但有时我们并不是在讲同一件事情。我国学者周玉仁总结了小学数学与数学科学的重要区别。概括起来，有目的、形式等多方面的不同。

1. 目的不同

作为科学的数学是以完全揭示数量关系和空间形式为目的的，其目的往往是通过逻辑推理发现数学理论，主要着眼点是精确地阐明某些数学理论。小学数学学科并不是为了构建一个逻辑体系，而是要使学生学好学活。促进学生的终身可持续发展是学校数学教育的基本出发点。小学数学的目的是促进学生学习数学知识和思维的发展。

2. 形式不同

数学科学，对有关定理和法则，要进行严格的推理和证明。而在小学数学中，往往不以严格的证明方式呈现，而是通过一些不完全归纳得出结论。小学数学必须从学生的心理特点出发，逐步加深学生对数学的理解。例如，学生学习三角形的知识，可以让他们观察三角形，把三角形纸片中的三个角撕下来拼成 180 度，使学生了解三角形内角和等于 180 度。

3. 顺序不同

数学科学是以数学理论的逻辑系统进行编制的。而小学数学内容的编排，不仅要考虑学科的逻辑程序，而且要符合学生的心理特点。一般说来，是把学生容易理解的放在前面，学生不容易理解的放在后面。

4. 认识的起点（或基础）不同

作为科学的数学，对所有的定理、法则都要进行严格的论证。而小学数学学科的认识起点往往不是逻辑公理，而是学生生活中的一些实际事例。例如，我们讲运算时，并不是从定义出发，而是从学生生活中的事例出发，然后总结出法则和意义的。综上所述，我们可以这样理解小学数学：①小学数学具有生活性。数学来自现实生活，再运用到现实生活中去。其核心的思想，就是关注学生关心什么，对什么感兴趣，在生活中发现了什么。将数学学习纳入他们的生活背景中，让他们在寻找、发现、探索中认识和理解数学。②小学数学具有现实性。学生学习数学是一个沟通抽象数学和现实数学实践的联系，实现数学的“再创造”的过程。应结合学生熟悉的现实生活，逐步建构数学结论。③小学数学具有体验性。数学教育应当成为学生亲身体验解决问题的一种活动，通过数学活动，促进学生的全面发展。

第二节　小学数学新课程的理念

义务教育阶段的数学课程改革，涉及教学理念、教学目标、教学内容、教学方法等各个方面。《标准》的基本理念是构成《标准》的基石，它反映了国家对数学教育实施和对一个合格公民在数学方面的基本要求，体现了党的教育方针，与素质教育要求相适应。基本理念包括以下六个方面：体现义务教育的基础性、普及性和发展性；强调数学的作用；数学学习内容与学习方式；数学教学；评价的改革；现代信息技术对数学教育的影响。归纳起来，就是“一个中心”——促进学生的全面和谐发展，“两个基本点”——提供有价值的数学，倡导有意义的学习方式。

一、促进学生的全面发展

《标准》提出：“义务教育阶段的数学课程，其基本出发点是促进学生全面、持续、和谐的发展。它不仅要考虑数学自身的特点，更应遵循学生学习数学的心理规律，强调从学生已有的生活经验出发，让学生亲身经历将实际问题抽象成数学模型并进行解释与应用的过程，进而使学生在获得对数学理解的同时，在思维能力、情感态度与价值观等方面得到进步和发展。”结合小学数学学科的特点，一般认为小学生在数学学习中的发展包括了情感、认知、思维和能力等方面，这四个方面的发展的核心是人格的发展。

（一）情感的发展

数学教学中的情感发展主要包括相互关联的三个方面，其具体内容为：①学生对数学、数学学习活动的兴趣。主要包括对数学的好奇心与求知欲；在数学学习活动中的参与以及对数学学习的喜爱等。②自信心和意志力。主要包括学生在数学学习中获得成功体验，逐步树立学好数学的信心以及锻炼克服困难的意志。③学习数学的态度与习惯。主要包括探索创新、合作交流与严谨求实的态度及习惯。

（二）认知的发展

主要包括学生对自己认识和对数学认识的发展。使学生具有正确的自我观念和数学观。学生自我观念包括自我评估、反思和自我调控等。学生的学习观包括以下一些内容：初步感受到数学的广泛应用价值及与生活的联系；体验到数学的美和数学学习的有趣性；初步体验到数学探索过程充满着观察、实验、归纳、类比、猜测；初步体验到数学推理是严谨的，结论是明确的，数学的各部分之间是有联系的。

（三）思维的发展

思考贯穿于整个数学学习过程中，在小学数学教学中应该促进学生的逻辑思维和形象思维的发展。教师应该让学生认识并体验思考的基本方法；让学生能根据已有的事实进行数学推测和论断，养成“有根有据”的习惯。让学生理解他人的思考方式和推理过程，并能与他人进行沟通。要让学生能够反思自己的思考过程，通过活动解决问题，获得分析问题和解决问题的能力，发展探索精神和创新意识。

（四）能力的发展

能力的发展包括一般学习能力和策略的发展，也包括数学能力的发展。目前对数学能力的解释并不一致。苏联学者克鲁切斯基的观点是为大多数人所接受的。克鲁切斯基认为，数学能力的主要成分是：①使数学材料形式化的能力，即从内容中抽出形式，从具体数量关系和空间形式中进行抽象，以及运用形式结构进行运算的能力；②概括数学材料的能力，即从不相关的材料中抽出最重要的东西，以及从外表不同的材料中看出共同点的能力；③运用数学和其他符号进行运算的能力；④连续而有节奏的逻辑推理的能力；⑤简化推理过程的能力，即用缩短了的结构进行思维的能力；⑥逆转心理过程的能力；⑦思维的灵活性——从一种心理运算转向另一种心理运算的能力；⑧数学记忆，主要指对概括内容、形式化结构和逻辑模块的记忆能力；⑨形成空间概念的能力。

小学数学学习，应该强调从以获取知识为主要目标转变为首先关注学生的情感、态度、价值观和一般能力的培养，创造一个有利于学生生动活泼、主动发展的数学学习环境，为学生的可持续发展打下良好的基础。

二、学习有价值的数学

新课程提倡学习“有价值”的数学。“有价值”的数学应该表现在以下几个方面：

首先，作为教育内容的数学，学习内容应该是适应学生未来生活和发展所必需的。有益于启迪思维、开发智力。适合在有限的时间里接触掌握。比如与成本、利润、投入、产出、贷款、效益、市场预测、风险评估等一系列经济活动相关的数学，估算、比和比例、利息与利率、运筹与优化以及统计与概率等，理应成为数学课程中的组成部分。其次，“有价值”的数学不仅包括数学内容本身的价值，还包括数学思想方法、情感态度。它体现在教学过程之中。

例如，有这么一个数学问题：某水池有一进水管，单独进水需 20 小时把空水池充满；有一出水管，单独放水需 24 小时放完一池水。若同时打开进水管和出水管，几小时可以把水充满？有观点认为，像这样的内容，可以认为是没有价值的。因为这一问题情境在现实生活中是少见的，一般情况下是不会采用同时打开进水管和出水管来把水池充满的。事实上，在现实中这种现象是存在的。比如：排队候场、社会人口的增减等。研究进、出水管同时打开的问题，可以进一步理解它隐含的价值：即表示客观世界所具有的一种动态平衡。这种动态平衡意识的感悟，就是一种有价值的数学体验。

“有价值”的数学还体现在有助于学生自信、自尊、合作、责任等健康人格和积极向上的价值观的形成。这种体验不仅是对学生进一步学习有用的数学，而且是对学生从事任何事业都有用的数学。

三、实现学习方式的改善

新课程强调转化学生以往被动接受学习、死记硬背的学习状况，倡导“主动参与，乐于探究，交流与合作”的学习方式。自主学习是就学习的内在品质而言的，相对的是“被动学习”“机械学习”和“他主学习”。

认知建构主义认为自主学习实际上是元认知监控的学习，是学习者根据自己的学习能力、学习任务的要求，积极主动地调整自己的学习策略和努力程度的过程。合作学习是指学生在小组或团队中为了完成共同的任务，有明确的责任分工的互助式学习。探究学习是从学科或现实社会生活中选择和确定研究主题，在教学中，创设一种类似于学术（或科学）研究的情景，通过学生自主、独立地发现问题、试验、操作、调查、搜集与处理信息、表达与交流等探究活动，获得知识、技能、情感与态度的发展，特别是探究和创新能力发展的学习方式和学习过程。每一位数学教师都应当认真地思考：为什么要进行数学教学？应当怎样去进行数学教学？我是按照怎样的数学教学观从事数学教学的？对此问题的认识不同将会对数学教学工作产生不同的影响。

新课程把教学定位为师生交往、积极互动、共同发展的过程。在数学教学中，学生建构数学知识的过程是师生双方交互作用的过程。教师要逐步与学生形成“对话”意识，与学生一起分享彼此的思考、经验和知识，交流彼此的情感、体验与观念，丰富教学内容，求得新的发现，从而达成共识、共享、共进，实现教学相长和共同发展。

第三节　小学数学课程内容

一、小学数学课程内容标准及要求

《标准》将小学数学课程内容按“数与代数”“空间与图形”“统计与概率”“实践与综合应用”四个领域分别阐述。并要求课程内容的学习，应强调学生的数学活动，发展学生的数感、符号感、空间观念、统计观念，以及应用意识与推理能力。

（一）课程内容的标准

“数与代数”的内容主要包括数与式、方程与不等式、函数，它们都是研究数量关系和变化规律的数学模型，可以帮助人们从数量关系的角度更准确、清晰地认识、描述和把握现实世界。

“空间与图形”的内容主要涉及现实世界中的物体、几何体和平面图形的形状、大小、位置关系及其变换，它是人们更好地认识和描述生活空间并进行交流的重要工具。

“统计与概率”主要研究现实生活中的数据和客观世界中的随机现象，它通过对数据收集、整理、描述和分析以及对事件发生可能性的刻画，来帮助人们做出合理的推断和预测。

“实践与综合应用”将帮助学生综合运用已有的知识和经验，经过自主探索和合作交流，解决与生活经验密切联系的、具有一定挑战性和综合性的问题，以发展他们解决问题的能力，加深对“数与代数”“空间与图形”“统计与概率”内容的理解，体会各部分内容之间的联系。

（二）课程内容的要求

数感主要表现在：理解数的意义；能用多种方法来表示数；能在具体的情境中把握数的相对大小关系；能用数来表达和交流信息；能为解决问题而选择适当的算法；能估计运算的结果，并对结果的合理性做出解释。

符号感主要表现在：能从具体情境中抽象出数量关系和变化规律，并用符号来表示；理解符号所代表的数量关系和变化规律；会进行符号间的转换；能选择适当的程序和方法解决用符号所表达的问题。

空间观念主要表现在：能由实物的形状想象出几何图形，由几何图形想象出实物的形状，进行几何体与其三视图、展开图之间的转化；能根据条件做出立体模型或画出图形；能从较复杂的图形中分解出基本的图形，并能分析其中的基本元素及其关系；能描述实物或几何图形的运动和变化；能采用适当的方式描述物体间的位置关系；能运用图形形象地描述问题，利用直观来进行思考。

统计观念主要表现在：能从统计的角度思考与数据信息有关的问题；能通过收集数据、描述数据、分析数据的过程做出合理的决策，认识到统计对决策的作用；能对数据的来源、处理数据的方法，以及由此得到的结果进行合理的质疑。应用意识主要表现在：认识到现实生活中蕴涵着大量的数学信息、数学在现实世界中有着广泛的应用；面对实际问题时，能主动尝试着从数学的角度运用所学知识和方法寻求解决问题的策略；面对新的数学知识时，能主动地寻找其实际背景，并探索其应用价值。

推理能力主要表现在：能通过观察、实验、归纳、类比等获得数学猜想，并进一步寻求证据、给出证明或举出反例；能清晰、有条理地表达自己的思考过程，做到言之有理、落笔有据；在与他人交流的过程中，能运用数学语言合乎逻辑地进行讨论与质疑。

二、小学各学段数学课程内容

（一）第一学段（1 ~ 3 年级）

1. 数与代数

在本学段中，学生将学习万以内的数、简单的分数和小数、常见的量，体会数和运算的意义，掌握数的基本运算，探索并理解简单的数量关系，初步建立数感；应重视口算，加强估算，提倡算法多样化；应减少单纯的技能性训练，避免繁杂计算和程式化地叙述“算理”。

2. 空间与图形

在本学段中，学生将认识简单几何体和平面图形，感受平移、旋转、对称现象，学习描述物体相对位置的一些方法，进行观察、操作和简单的测量活动，获得对简单几何体和平面图形的直观经验。建立初步的空间观念。

3. 统计与概率

在本学段中，让学生对数据统计过程有所体验，学习一些简单的收集、整理和描述数据的方法，能根据统计结果回答一些简单的问题，初步感受事件发生的不确定性和可能性。

4. 实践与综合

在本学段中，学生通过实践活动，初步获得一些数学活动的经验，了解数学在日常生活中的简单应用，初步学会与他人合作交流，获得积极的数学学习情感。增进运用数学解决简单实际问题的信心，同时意识到自己在集体中的作用。

（二）第二学段（4 ~ 6 年级）

1. 数与代数

在本学段中，学生将进一步学习整数、分数、小数和百分数及其有关运算，进一步发展数感；初步了解负数和方程；开始借助计算器进行复杂计算和探索数学问题；获得解决现实生活中简单问题的能力。通过解决实际问题进一步培养学生的数感，增进学生对运算意义的理解；应重视口算，加强估算，鼓励算法多样化；应使学生经历从实际问题中抽象出数量关系，并运用所学知识解决问题的过程；应避免繁杂的运算，避免将运算与应用割裂开来，避免对应用题进行机械的程式化训练。

2. 空间与图形

在本学段中，学生将了解一些简单几何体和平面图形的基本特征，进一步学习图形变换和确定物体位置的方法，通过观察、操作、推理等手段，逐步认识简单几何体和平面图形的形状、大小、位置关系及变换。通过观察物体、认识方向、制作模型、设计图案等活动，发展空间观念。

3. 统计与概率

在本学段中，联系生活实际，学生将经历简单的数据统计过程，进一步学习收集、整理和描述数据的方法，并根据数据分析的结果做出简单的判断与预测进行交流；将进一步体会事件发生可能性的含义，并能计算一些简单事件发生的可能性。应避免单纯的统计量的计算。

4. 综合应用

在本学段中，学生将通过数学活动了解数学与生活的广泛联系，学会综合运用所学的知识和方法解决简单的实际问题，加深对所学知识的理解，获得运用数学解决问题的思考方法，并能与他人进行合作交流。引导学生从不同角度发现实际问题中所包含的丰富的数学信息，探索多种解决问题的方法，并鼓励学生尝试独立地解决某些简单的实际问题。

第二章　小学数学教材

第一节 小学数学教材概述

一、什么是教材

对教材的理解可谓仁者见仁、智者见智。《简明国际教育百科全书·课程》（T. 胡森主编）是这样阐述的：“教材作为达到课程目的的手段，可以看作为学习者提供的有计划的经验，获得预期学习结果所必需的知识，或必要的信念、理解力和习惯。”钟启泉在《现代课程论》中这样阐述教材：“教材是教学过程中的一个要素，最普遍的广义说法是，教材包括了教师传授行为中利用的一切素材和手段。在此意义上，教材是教授及学习的材料，是师生之间的媒介。”

《标准》指出：“教材为学生的学习提供了基本线索，是实现课程目标、实施教学的重要资源。”综上所述，教材是引导学生认知发展、生活学习、人格建构的一种范例，一种中介，一种素材。因此，教材包括教科书、教参、资源库、多媒体课件等。

二、小学数学教材的作用

（1）教材是实现小学数学教学目标的重要工具。小学数学教材是小学数学课程标准的具体化，因而是实现小学数学教学目标的重要工具。

（2）教材是教师进行教学的主要依据。小学数学教材是教师进行教学的主要依据。它为教师备课、上课、布置作业和检查学生的学习效果提供了基本材料。教师要熟练地掌握教科书的内容，善于使用教科书。既要根据教学要求，结合学生实际，对教科书的内容做好教学法加工，使之易于为学生所理解；同时又要指导学生阅读教科书，帮助学生看懂教科书的思维过程和结论，培养学生的自学能力。

（3）教材是学生获取基础知识和基本技能的源泉。教科书的课文部分一般由概念、规则（定律、性质、法则、公式）、插图和实践操作等内容组成，这些内容经教学法加工，构建成符合学生认知规律的体系。因此，它是学生获取基础知识和基本技能的源泉。掌握教科书的内容是学生进一步扩大知识领域的基础。

（4）教材是检查教学质量和教学进度的依据。

三、小学数学教材的构成

小学数学教材主要包括教科书、学生活动手册、教师教学指导手册、信息库、工具箱和多媒体课件等。教科书。它是小学数学教材的主体部分，是依据小学数学课程标准具体呈现系统数学知识的学习用书。因此，它呈现了作为小学生学习数学的主要对象，是小学生在课堂学习中使用的主要工具。学生活动手册，它包括学生发现、探索问题和问题解决过程的"活动记录"（包括数据、问题、结论等）。教师教学指导手册，它包括教学内容编制的目的、组织教学活动的基本思想和理念、多种可供选择的学习方法和过程、某些学习方式上的案例提示、某些必要的背景信息等。信息库是指支持学生进一步学习或探究所需要的信息资源。工具箱是指供教师教学演示和供学生实验操作的工具和材料。多媒体课件包含指导学生学习和供学生操作和练习的多媒体课件，也包括指导教师进行教学的多媒体课件，即帮助教学的一种辅助性教材。

四、小学数学教材的基本要素和组织单位

（一）小学数学教材的基本要素

这里所说的教材主要是指教科书。它的构成要素即：

1. 用语

主要是指引导学生学习的一些词汇和语句。通常这些用语既可以采用陈述的方式，也可以采用提问的方式。一般不采用指令性的方式。

2. 事实

主要指教材所给出的数学的结论性知识，包括概念的界定或描述、数学原理、计算公式或计算规则（法则）、解题程序或解题方法等等。它们既可以用语言来描述，也可以用符号模型或图表等来描述。

3. 概念

数学语言是由数学概念所构成的，因此，教材的最基本的要素是数学概念。在解释和说明中、在陈述事实中、在提问和总结中都包含着一定的数学概念。

4. 原理

小学数学教材所呈现的材料中包含着许多数学原理，比如若干个概念之间存在的某种关系、教材中某个概念的表述形式等等。

5. 步骤

主要是指学生实现学习所必需的行动过程，包括某些观察步骤、实验的阶段、证明的过程等。

（二）小学数学教材的组织单位

小学数学的教科书基本组织单位是：

1. 课

“课”是教材组织的最小单位。它主要是指引导问题的情境例题、思考的展示分析、数学的各种结论、帮助理解的问题提示、显示数学本质或解题过程的图示图解等等。课文是引导并组织小学生数学学习的一个非常重要的载体。教师一般都是按照“课”来进行教学的。每一课的教学内容相对比较单一，一般在规定的课时内完成。而构成“课”的基本要素就是一个或几个知识点以及练习。

2. 单元

单元是指在知识系统和逻辑关系上相对较为完整，在知识、技能、思维训练、能力培养或应用上相对独立的部分。它是将学习的内容和经验，按照其自身的逻辑关系以及学生思维的构成组织成一个个的模块。每册教材由若干个大单元组成，每个单元教材又由若干个小单元组成，每个小单元教材由若干个“课”组成。

第二节　新课程背景下的教材特点

一、小学数学教材编写的指导思想

小学数学教材编写，必须以辩证唯物主义观点为指导思想，以《标准》为依据；以全面提高学生的综合素质，促进他们的终身可持续发展为目标；以改善学生的学习方式，培养他们的创新意识和实践能力为重点，充分地体现义务教育的普及性、基础性和发展性。现行的各种小学数学实验教材都充分地体现了以上指导思想，同时还具有各自的特色。

人教版小学数学教科书还强调以现代教学论和心理学为依据，力求处理好社会需要与学生发展、数学的逻辑顺序与儿童的心理发展顺序、共同要求与因材施教之间的关系，使教材适应我国城乡广大地区发展的需要。

苏教版小学数学教科书的编写力求正确处理继承与发展、借鉴与创新的关系。不仅要体现我国广大小学数学教师丰富而成功的经验，而且要努力体现和创造与时代发展适应的理论、经验和方法，更好地反映未来社会的需要和时代的特征。

新世纪教材小学数学教科书试图建立旨在促进学生发展、反映未来社会需要和时代特征的数学课程体系，从学生的生活经验和已有的知识出发，向他们提供充分的从事数学实践活动和交流的机会，使他们在自主探索的过程中真正理解和掌握基本的数学知识、思想和方法，获得数学活动经验。力图解决教学内容偏窄、偏深、偏旧，学习方式单一、被动，对书本知识、运算和推理技能关注较多，对学生学习数学的态度、情感关注较少，以教师、课堂、书本为中心等问题。

二、新课程背景下小学数学教材的特点

（一）学习内容密切联系学生实际

（1）新旧教材在教学内容的编排上有所不同，旧教材强调知识点和中心例题的教学，而新教材更注重问题情境的创设和数学思想方法的渗透，努力为学生提供丰富的与他们的生活背景有关的素材，培养和提高学生的数学素养。

（2）新旧教材在学习内容的呈现形式上也有所不同：旧教材以文字表述为主，略带图片和表格；而新教材内容的展开体现知识的形成过程，具有探索性和开放性。例题、习题的呈现形式丰富多样，图文并茂，风格活泼，除文字外还有图片、表格、卡通、漫画等，能吸引学生阅读。

（二）注重情境创设

新教材试图形成“问题情境—建立模型—解释应用”的叙述模式，使学生从生活经验和客观事实出发，在研究现实问题的基础上学习数学、理解数学和获得发展。问题情境不仅包括与数学知识内容有关的信息，还包括那些与问题联系在一起的事物背景。现实数学与数学学习之间的联系就是通过情境建立并沟通的。新教材十分注重情境的创设，以生活再现、数学游戏、故事欣赏等形式为学生提供了许多有趣的、开放的数学信息，让学生在情境中发现问题、思考问题、解决问题，感受数学的有趣与有用，

体会数学创造的快乐，增强学习数学的信心。

（三）应用题和计算题整合

新教材改变了旧教材将计算与应用分开，单独教学应用题的现状，将应用题分散到计算知识的学习中，呈现方式多种多样，除文字外，还大量应用图画式、表格式、对话式、账单式、操作式等，目的是加大应用题的教学力度，密切应用题与生活的联系，发展学生的应用意识，使数学化的过程与认知过程统一。教材多以主题图再现生活情境，让学生感受生活中蕴含大量的数学信息，尝试从数学的角度提出问题，再运用所学知识和方法寻求解决问题的策略。

（四）加强数学文化方面的内容

一位专家说得好："当数学文化的魅力真正渗入教材、到达课堂、融入教学时，数学就会更加平易近人，数学教学就会通过文化层面让学生进一步理解数学、喜欢数学、热爱数学。"新教材从一年级开始用连环画的方式向学生介绍数学趣闻、数学史料、数学家的故事等，帮助学生了解数学知识的产生、发展、演变过程，体会数学在人类社会发展中的作用，激发学生学习数学的兴趣。

（五）鼓励算法多样化

强调学生从自己的生活经验和思考的角度出发，产生不同的思考方法。算法多样化有利于全体学生的主动参与，有利于学生独立思考、大胆求异，发展学生的个性，有利于学生之间的合作交流。倡导多样化时，教师应确定哪些是基本算法，哪些是特殊方法，哪些是不同思维层面的算法，哪些是同一思维层面的不同形式。不同思维水平的算法需要优化。那些多数学生喜欢，教师易教，学生易学，对后续知识的掌握有价值的方法就是优化的方法。

第三节　小学数学教材分析

小学数学教科书，也就是课本，是小学数学教材的主体部分，它是依据小学数学课程标准而具体呈现系统数学知识的学习用书。小学数学教材作为重要的教学资源，凝聚了无数编写者对教育的认识、对数学的理解，它是根据一定的教育思想、教育理念编写而成，经过国家教材审定委员会审查通过之后才被允许使用的，所以教材的编写、选择和使用都是很慎重的事情，作为广大的教师应该深入地钻研教材，理解和尊重教材的编写意图，这样才能更好地用好教材。而教材分析是教师的一项重要基本功，是备好课、上好课的前提。

在分析教材的过程中，教师要仔细琢磨教材的知识结构、内在联系、地位及作用、重点、难点和关键，以及所蕴含的思想方法和德育因素，从而确定教学目标。所以说，教材分析又是教师熟悉教材，把握教材并逐步达到驾驭教材的途径，是提高教师业务水平和教学水平的重要环节。分析小学教材一般应包括以下几方面的内容：

一、分析教材的编排体系和知识之间的内在联系

数学是一门系统性、逻辑性都很强的科学，数学的各部分知识之间的内在联系十分密切，义务教育阶段的小学数学教材也不例外。小学数学教材，是根据数学学科特点和儿童的认知规律，将“数与代数”“空间与图形”“统计与概率”“实践与综合运用”四部分内容，按照由浅入深、循序渐进、螺旋上升的方式有机地结合起来编排的。

分析教材的编排体系和知识之间的内在联系包括对整册教材的分析，单元教材分析，一课时的教材分析。只有这样，才有可能从整体上把握各类知识在小学数学教材中的分布，认清各类知识的来龙去脉与纵横联系，以及它们在整个小学数学教材中的地位作用；对同一类知识来说，又可以充分认识到所要教的那部分内容其知识基础是什么，为哪些后续知识学习做铺垫等等，避免教学过程中的前后脱节或者重复。

二、分析研究教材的重点、难点和关键

在分析教材的编排体系和知识之间的内在联系的基础上，分析教材的重点、难点和关键，是为了科学地组织教学内容、设计教学过程，做到突出重点，抓住关键，突破难点，带动全面，提高课堂教学质量。

（一）教材的重点确定

教材的重点，要以教材本身为依据。瞻前顾后，溯源探流，研究所教的内容在整个知识系统中的地位和价值。在整个知识系统中，关系全局的这部分知识，可定位为教材的重点。

教材重点与教学重点表述上是有区别的。如“分数的加法和减法”，其教材重点是异分母分数加减法；而教学重点是使学生掌握异分母分数加减法的计算法则，并能

应用法则正确计算。但教材重点毕竟是确定教学重点的主要依据。此外，培养学生数学基本能力的知识，以及生活中广泛应用的知识（如元、角、分，小时、分、秒，米、分米、厘米，千克、克等），都是教材的重点，也是教学的重点，必须让学生理解和掌握。

（二）教材的难点

小学数学教材中，有的内容比较抽象，不易被学生理解；有的内容纵横交错，比较复杂；也有的内容本质属性比较隐蔽，或者体现了新的观点和新的方法，或者在新旧知识的衔接上呈现了较大的坡度，或相互干扰、易混、易错等。这种教师难教，学生难学、难懂、难掌握的内容以及学生学习中容易产生混淆和错误的内容，通常称之为教材的难点。

教材的难点具有双重性——消极性和积极性。通常我们对难点消极的一面关注较多，这是完全必要的。但也应当看到教材难点在教材中的积极一面，它对深化认识、发展思维和培养数学素养有着不可替代的功能。事实上，没有问题就无所谓思维，没有困难也就谈不上去积极探索和刻苦学习，从这个意义上讲，数学教学中的难点不仅体现着数学的魅力，还蕴蓄着思索、探求的动力。在难点教学中，学生不仅深刻地领悟知识和锤炼思维，而且还可以培养毅力，磨炼意志，学会探索；教师也可提高教学水平。

（三）教材的关键

教材中有些内容对掌握某一部分知识或某一类问题起到决定性作用，这些内容就是教材的关键。作为教材的关键，它在攻克难点、突出重点过程中往往具有突破口的功能。一旦掌握好教材的关键，其相关内容的教学就可以迎刃而解。

教材的关键主要是就数学知识方面而言，而教学的关键除指关键知识外，往往还包括解决难点的途径和方法。例如凑十法既是20以内进位加法的重点，也是关键；掌握试商方法既是掌握两位数除多位数的重点，又是难点和关键。准确地掌握教材的重点、难点和关键，才能保证学生正确理解和掌握教材内容，在教学中取得事半功倍的效果。

三、分析研究教材中选配的练习题

在数学教学中，对学生进行有目的，形式多样，层次递进，角度多变的解题训练，是学生掌握知识、发展思维、培养能力的必由之路。因此，练习题作为教材的一个重要组成部分，在分析教材，特别是在课时教材的分析中，应引起足够的重视。分析教材的练习题，就要研究练习题的层次和功能。弄清哪些是基本题，哪些是变式题、综合题和发展题，哪些又是开放型题和思考题等。接着要推敲每一道练习题的设计目的和要求，明确习题与例题的配套关系，对思考性强、难度较大的习题，教师应亲自演算一遍，做到心中有数。然后在教学中结合具体内容按计划、有目的地让学生练习。当然，我们还可以根据教学（包括学生）的具体情况，对课本习题做少量的变更，精减个别雷同的，增添一些富有思考性、开拓性或开放性的习题，供学生练习。真正做到精讲巧练，提高课堂教学效率。

四、分析教材中所渗透的思想方法

著名数学家、数学教育家苏步青先生曾经说过："看书要能看到书背后的东西。"在小学数学教材中知识背后的"东西"就是数学思想方法。数学思想方法是对数学知识内容和所使用方法的本质的认识，它是从某些具体的数学认识过程中提炼出来的一些观点，并且在后续的研究中被反复证实是正确的，具有相对稳定的特征和一般意义。数学学习要使学生形成一定的数学思想方法，这已经是大家公认的事实。因为数学中最本质、最精彩、最有价值的就是数学思想方法。从某种意义上说，它们比数学知识更为重要、更加有用，对人的成长更有影响。但它们往往寓于过程之中或被知识掩盖着，学生也不容易注意到。因此，教师要善于挖掘和领会数学中的思想方法，并在教学中进行渗透，只要教师留心、有意，定可收到事半功倍之效。

小学数学教材中渗透了符号化思想、数形结合思想、化归思想、分类思想、统计思想、分析与综合、归纳与演绎等等。所谓渗透，就是把数学思想方法融化到有关的教材内容中去，它是一种高水平的深入浅出。对此，教师分析挖掘相关教材十分重要。在分析教材时，一定要推敲在什么地方，渗透了什么样的数学思想方法。否则，就会在教学中错过良机。

五、挖掘和分析教材的数学文化、德育、美育等非智力因素

教材中还有着丰富的数学文化的背景，数学与生活的密切联系，数学在各行各业中的广泛运用等，都是进行教育的好材料。所以，挖掘分析教材的非智力因素，在教学中加以实施，不仅可以强化学生的学习动机，增强学习的内驱力，还能对学生的素质发展起到积极的作用。例如，小学数学教材中出现的许多数据都是近几年来我国现代化建设中产生的具体数据，如历届奥运会的金牌数，让学生通过数据分析可以感受

到祖国体育事业的强盛；又如，学习到《圆的周长》，教材中就会有祖冲之发现圆周率的相关历史素材，让学生感受我国数学史上的伟大成就，激发学生的民族自尊心和自豪感，以及为振兴中华而学习的决心。

第四节　课程资源的开发

一、课程资源的意义

课程资源是指有利于实现课程目标的各种因素。既包括能成为课程素材或课程来源的经验、知识、技能、情感、态度、价值观等素材性资源，也包括师资、教学设施、设备、环境等决定课程实施范围和水平的条件性资源。如何开发利用课程资源，防止课程资源被闲置、埋没和浪费，这是新课程对教师的要求。

二、课程资源的开发与利用原则

课程资源的开发与利用的宗旨，是要反映教学目标、社会需求、学生需要、学习内容的整合和师生的心理需要。因此，只要有利于实现教学目标，诱发学生兴趣爱好，符合学生年龄特点，促使学生主动学习、和谐发展的资源都可以开发和利用。开发与利用要注意体现以下几个原则：

（1）需要性原则。学生在教科书之外学到的数学知识，远比在学校内学到的多得多。因此，要在可能的课程资源范围内满足学生的需要。

（2）适应性原则。开发和利用课程资源应面向全体学生，既考虑学生的共性，又考虑学生的个性，既考虑学生的经验背景，又考虑学生的知识技能等状况。

（3）实效性原则。课程资源在不同的教育环境中存在着差异，在开发和利用时要因地制宜，既考虑学生的需要，又要考虑课程成本，讲究实效。

三、课程资源的开发与利用策略

（一）教材内容的开发和利用

如何挖掘数学的独特魅力，使抽象、枯燥的数学内容焕发其生命活力，凸现教育价值呢?

例如，学习了质数与合数后，教师指导学生制作质数表。在一张 17 行 6 列，从数 2 开始的 100 以内的数表上，学生不假思索地直接利用刚学到的知识——质数的概念对数表中的数一一加以判断，这固然可以完成任务，但学生在这一过程中，更注重给出答案而不注重发展对知识的理解。教师在多数学生尝试制作之后，启发学生“怎样‘筛’更快”，鼓励学生用到更为综合的方法。

生 1：我有更快的方法，第一列留 2，其他都画去；第二列留 3，其他都画去；第三列都画去；第五列都画去；再接下去，只在第四列和第六列中去找质数。

生 2：我发现，除了 2 和 3 两个质数外，其他的质数都在第四或第六列中。

师：第五列的数有什么特点?

生 3：它们都能被 6 整除，是 6 的倍数。

生 4：我知道 2、3 以外的质数比 6 的倍数少 1 或比 6 的倍数大 1。

生 5：我发现 1 到 20 的数中有 8 个质数，可 80 到 100 的数中只有 3 个质数，以后的质数会不会越来越少？质数的个数是不是有限的?

此时学生的观察视线从点（一个一个孤立地数），扩展到面（一组一组地数），并启用相关的知识经验：包括质数、合数、奇数、偶数、倍数、比一个数多几少几的数等知识，通过观察、比较、分析、推理等多种思维策略，发展对知识的理解，培养学生的数学意识和数学观念。

（二）学生内部经验的开发和利用

孩子从来到人世的那一天起，就在现实生活中体验学习，积累经验。当他们踏进学校时，头脑里并不是一张白纸，而是有着一定生活背景的人。因此，教学时深入挖掘、有效利用学生的内部经验资源，对数学课程的学习具有重要作用。例如，学生在学习利用减法性质进行简便计算时，对“多加了要减，多减了要加”难以理解，如果联系“购物找钱”的生活实际，理解起来就很容易了。

（三）实践活动的开发和利用

数学实践活动是指在数学学习中，学生自己经历观察、操作、实验、调查、推理等活动。教学中，要充分利用现实生活中的信息源，让学生在广阔的空间里，在实践活动中理解数学、运用数学，发展解决问题的策略。例如，为了养成计划用钱的好习惯，一位教师设计了“今天我当家”的教学活动。首先，创设了一个这样的问题情境：“有一天，爸爸妈妈都出差了，小明独自在家。父母给了小明一张 10 元的消费卡，请你帮小明对他一天的生活费用进行合理安排。”学生顿时热情高涨，开始制订消费计划、开展现场模拟活动。

（四）信息技术的开发和利用

《标准》指出：“一切有条件和能够创造条件的学校，都应使计算机、多媒体、互联网等信息技术成为数学课程资源，积极组织教师开发课件。”因此，教学中要充分发挥信息技术的优势，如数据查阅、教学辅助、远程指导、资源共享等等。这里需要强调的是在教学中，不能以课件的演示代替学生的探索活动、直观想象或抽象思维，不能以课件的演示代替教师的讲解，不能简单问题复杂化，避免低水平重复。

第三章　小学数学教学设计

第一节　小学数学教学过程

一、对小学数学教学本质的认识

什么是数学教学？对这个问题的回答，反映了不同的数学教学观。数学教学观是教师关于数学教学的本质以及对学生数学学习的一种认识。它决定了不同的教学思想和教学行为。基于对数学的认识，数学教育家恩斯特概括出如下三种不同的数学教学观：

（1）柏拉图观点。将数学看成是由逻辑与内在含义构成的一个统一的知识实体，它包含有相互联系的各种结构与真理，是一个静态的系统。只能被发现，不能被创造。因此，数学教学是数学知识的教学，必须以概念为主导，重视概念的内涵及其推理的逻辑，强调其严谨的形式体系。

（2）工具主义观点。将数学看成一个工具袋，它由各种事实、规则与技能构成。所以，数学教学是数学技能的教学，必须注重规则、步骤的推演，强调程序的操练，追求熟练的技能。

（3）问题解决观点。将数学看成是一个以问题为主导的不断探索、连续发展的过程，它所包含的知识结构总在不断地扩大，是一个动态的开放的系统。因此，数学教学应成为数学活动的教学，必须注重获得知识的过程。强调让学生经历并进入数学的生成发展过程。

现代认知心理学的观点认为：学生在学习数学的过程中，总是利用自己的方式，借助于自己过去已有的数学知识和经验去理解新的数学概念和数学命题，通过记忆、练习巩固、难题解决等学习过程，将新的数学知识与脑中已有的知识很好地联系起来，使新知识纳入学习者的头脑中，形成一个具有良好结构的观念系统，即认知结构。良好的认知结构应包括以下的观念；基本观念（言语信息和表象信息），是学生通过学习一些数学概念和命题后形成的；数学具体方法观念，是学生运用基本观念解决问题的过程中形成的；数学问题解决策略的观念。所以，学生学习数学的过程实际上是学生的数学认知结构的建构过程。

数学教学的根本任务，就是要形成学生良好的数学认知结构。我国数学课程标准将小学数学教学的基本出发点定位于促进学生全面、持续、和谐地发展，强调培养学生终身学习的愿望和创新能力、实践能力。

《标准》指出："数学是人们对客观世界定性把握和定量刻画、逐渐抽象概括、形成方法和理论，并进行广泛应用的过程。"数学教学"要让学生亲身经历将实际问题抽象成数学模型并进行解释与应用的过程"，"数学教学是数学活动的教学"。数学活动本质上是学生获取数学知识，形成数学技能和学习能力，形成良好个性品质的一种思维活动。

综上所述，我们认为在新课程环境下，小学数学教学应以数学知识为载体，注重调动学生原有的学习经验，通过数学活动促进学生积极主动地进行观察与思考、实践与操作、猜测与验证、推理与判断，在数学活动中形成良好的数学认知结构，发展数学思维能力，培养探索精神与创新意识，并在和谐民主的学习气氛中，获得情感态度与价值观方面的发展。

二、对小学数学教学过程的认识

（一）小学数学教学过程的含义

小学数学教学过程，是师生双方在教学目标指引下，以小学数学教材为信息传播的主要载体，以教学方法和手段为信息传播的途径，教师引导学生主动探究数学知识，发展数学能力，形成良好的个性和心理品质的过程。是由教师引起、维持与促进小学生学习的所有行为，依照逻辑关系和时间顺序组合形成的程序。

教学过程包括教师、学生、教学内容（媒介）三要素，对教师、学生、教学内容这三大要素之间的关系和交互作用的不同认识形成了不同的教学流派。纵观教学论的发展史，对教学过程的本质认识，影响比较大的主要有：

（1）以夸美纽斯和赫尔巴特为代表的"重教轻学说"这种学说认为，学生知识的获得与身心的发展依赖于教师。在教学中主张以课堂为中心、以书本为中心、以教师为中心，而学生被动地接受教师的传授和讲解。这种观念指导下的教学，能指导学生有计划、有步骤地掌握系统的科学知识和科学的思维方法，促使学生的认识逐步发展。但把教师置于教学过程的中心地位，以成人的逻辑组织教学内容，学生被动学习，创造性难以发挥。

（2）以杜威为代表的“儿童中心说”这种学说认为，学生是教育活动的中心，教学活动应由学生自己立意、自己设计、自己评价，教师的作用是管理和看护。在这种观念指导下的教学，关注学生的经验，注重学生的主动参与，但过高估计儿童，忽略知识的内在逻辑结构，难以保证学生的知识和能力的发展。

新课程的数学教学关注创设一种课堂文化，认为课堂是一个小社会，师生之间、生生之间、领导与被领导、民主与集中、纪律与自由、竞争与合作、奖励与惩罚等，都是影响学生成长的重要因素，教学的过程充满了这种文化现象，其中三个重要因素是：创新、民主，合作。创新是数学课堂文化的灵魂，民主是数学课堂文化的准则，合作是数学课堂文化的核心。所以，新课程的数学课堂教学过程，是在良好的课堂环境之下，在关注“学科知识”和关注“学生经验”的教学观点之间找到合理的平衡点。

（二）小学数学教学过程的特点

1. 小学数学教学是师生积极互动的过程

师生积极互动是现代数学教学过程的重要特征。在建构主义学习观的理论指导下，教师的角色将从知识的提供者变成学习活动的协作者、促进者，由静态知识的占有者向动态知识的研究者转变。教师是课堂教学的参与者、引导者、合作者，这是新课程环境下教师角色的重新定位。它主要包括两个方面内容：

（1）要改变学生消极被动地接受知识的状态，把教学看作学生通过自主活动主动构建学习意义的过程。

（2）改变教师单向传递知识的教学行为，通过师生之间的对话和交流，引导学生积极开展观察、操作、比较、概括、猜想、推理、交流等活动，促进学生的发展。

教师依然发挥着主导作用，这是课堂教学的性质决定的。教师的引导作用有时是隐性的、潜在的，但在关键时刻，该点拨的要点拨，该设问的要设问，该板书的要板书。在师生积极互动的课堂上，学生有更多的机会积极思考、自主探索、合作交流，对自己的学习承担责任。

2. 小学数学教学是教师引导学生进行数学活动的过程

“数学活动”是指学生学习数学，探索、掌握和应用数学知识的活动，是学生自主建构知识的活动。著名的数学教育家乔治·波利亚曾经提出，要把“有益的思考方式和应有的思维习惯”放在数学教学的首位。没有数学思考，就没有真正意义上的数学学习。所以，数学活动的过程，是一种由现实问题到数学问题，由具体问题到抽象概念的认识转化活动的过程，是形象思维与逻辑思维、合情推理和论证推理相结合，将学生的数学知识进一步提高、抽象的过程。

在教学活动中，应该将按逻辑演绎的过程还原为归纳推理和猜想的过程，将文字表达的思维过程还原为知识的发展过程。进行数学研究的基本过程。显然，情境问题提供的信息是学生进行数学活动的基础。情境问题沟通着那些蕴涵在学生的直观体验中不那么严格的数学知识和严格的数学知识之间的联系。小学数学教学过程中要注意数学对象的实际背景，注意从自然现象和社会现象中抽象出数学概念、数学规律等。但也要避免出现过于注重创设情境而冲淡数学知识本身的问题。

3. 小学数学教学过程是促进人的发展的过程

世界各国都把数学课作为最重要的基础课，原因之一在于其育人的功能。数学教育的作用，主要是能够帮助学生形成理性的思维方式，培植科学的精神，树立正确的世界观。通过数学与现实的联系，能使学生接受思想教育，培养数学意识；通过数学史的教育，能培养学生的国际意识和爱国热情；数学哲学思想能培养学生的辩证唯物主义观点；数学中的美能使学生认识数学的美学价值。

数学教学促进学生的发展，重点还是发展学生的数学思维和数学的应用能力。数学思维的一个重要的内容是数学意识的培养，数学意识即是能用数学的眼光观察和分析客观事物，能从数学的角度，应用数学的策略思考和解决现实问题。此外，直觉思维、合情推理、数学猜想等思维方式也与数学思维的创造性密切相关。只靠逻辑思维是得不出新知识的。所以，在教学过程中，要注意形象思维和逻辑思维、合情推理和论证推理相结合，注重数学与现实生活的密切联系。

第二节　小学数学教学设计

一、小学数学教学设计简述

教学设计是随班级授课制一起产生并在一定的理论指导下进行的。19 世纪德国教育家赫尔巴特提出的五阶段教学过程模式（分析、综合、联合、系统和方法或预备、提示、比较、概括和应用）是最早出现的系统指导课堂教学的设计理论。在 20 世纪 60 年代之后，随着学习论和教学论的发展以及相应的促进学生学习的教学技术不断更新，随着人们对教学设计的探索和发展，对教学设计的认识不断得到深化。

我国学者皮连生教授认为："现代教学设计是在实施教学之前，依据学习论和教学论原理，用系统论观点和方法对教学的各个环节统筹规划和安排，为学生的学习创设最优环境的准备过程。"一般说来，教学设计至少要包括四个内容：设置目标（把学生带到什么地方？），分析学生（学生现在在哪里？），选择与开发教学策略（如何把学生带到预期的目的地？），对目标进行教学测量与评价（学生是否被带到了预期的目的地？）。小学数学教学设计，其基本的指导思想是促进每一位学生的发展，使学生全面和谐地、终身可持续发展，活泼主动地发展和个性发展。其基本的目的是促进学生个体进行有效的学习，让每一个学生的学习潜能获得最大的发展。它反映了教师对教学的期望，也在很大程度上决定了教学的效果。

小学数学教学设计主要包括如下环节：

（1）确定教学目标。这里的教学目标是由教学完成之后学生会做什么界定的。《标准》和学生的学习特点、教材内容是教师确定教学目标的主要依据。教学目标的叙写要求尽量用可观察和可测量的行为术语陈述学生预期要获得的学习结果。

（2）分析教学任务。分析目标中暗含的学习类型，揭示有效学习的条件；分析从学生的原有水平到达教学目标之间所需要的从属知识和技能，并确定他们之间的层次关系，确定学生的起点能力。

（3）教学策略设计。根据教师在任务分析中所确定的教学目标类型，根据学习理论、新课程的教学理念、学习内容、学生特点选择教学步骤，包括预备活动、呈现信息、提供练习与反馈。

（4）选择教辅材料。教学挂图、教具、教学指导书、已有的可以利用的有关教材和电子资源。

（5）教学设计的评价。对照预先设置的教学目标，确定学生是否达到规定的教学目标，并提出改进教学的意见。

二、小学数学课堂教学目标设计

（一）课程目标和教学目标

数学课程目标体现了用预期达到的教育结果来支配教育行动的思想。它预期的是在具体情境下，学生行为变化的结果。即"学完这些数学后学生能够干什么"。课程目标可以分为两个层次：①宏观目标。指某一课程内容结束时所要达到的目标，也可以是某一学习阶段结束时所要达到的目标。它反映国家或地方教育机构对课程学习的要求，规定了课程学习的主要内容和标准。由国家或地方教育机构和课程专家制定。《标准》规定的目标就属于这类目标。②微观目标，即教学目标。指一节或几节课上要完成的具体目标，主要陈述学生通过学习需要掌握的知识、技能以及应该形成的情感态度。是宏观目标的具体体现，由任课教师制定。课程目标对于整个教与学的活动有定向、激励、评价的功能。根据课程目标和教学实际确立教学目标，是给整个教学设计定位。不同的教学目标将导致不同的教学设计。所以，教学目标的设计是数学教学的重要环节。

（二）课时教学目标的设计与陈述

制定单元教学目标和课时目标，是教师进行教学目标设计的主要任务。本节主要讨论课时教学目标的设计。课时教学目标是指一节课的教学目标。

1. 课时教学目标的设计

确定课时教学目标，首先要根据课程目标确定单元教学目标，明确单元教学的任务。即学生通过学习后要完成哪些任务，在此基础上进行设计。在设计教学目标时，可以按照以下的步骤进行：

（1）分析教材内容，初步确定教学目标，本书第二章我们已经学习了如何进行教材分析。在进行课时教学目标的设计时，还应注意教材的组织和呈现方式、理解教材的编排意图，因为教材是根据数学课程标准编制的，它蕴涵了各个学段数学课程标准的要求。教材的例题和习题也可以体现教学的重点，而教学重点和教学的目标往往有对应关系。同时，在分析教材时，也要注意参考其他一些教学资料和有经验的教师的经典教学案例，用审视的眼光，深入思考、反复追问：通过本节课的教学要达到什么目的。

（2）分析学生特点，明确教学目标教材分析为课时教学目标的确定奠定了基础，但要使教学目标的确定符合学生的实际，需对具体班级的学生进行分析。学生在学习新知识时，现有的学习起点、学习能力、学习需要、学习方法和学习习惯、相关的知识和技能对新的学习非常重要。教师对学生学习状况的认识，将直接影响目标的确定、教学内容和教学方法的选择。所以，要在学习之前进行判定。学生的作业、小测验、平时提问、教师的观察等都可以作为依据。对学生的了解，涉及的方面较多。在进行教学设计中，不可能也没有必要对学生的所有特点进行分析，只要抓住与教学任务有关的、重要的特点进行分析即可。在这一环节中，应注意具体地、有针对性地分析，避免泛泛而谈。

（3）参照课程标准，完善教学目标《标准》把教学目标细化为“知识与技能、数学思考、问题解决、情感与态度”四个方面，前三个目标大致可以归为认知领域，后一个可以归为情感态度领域。在数学学习中，知识、技能的掌握是问题解决的基础，而数学思考、情感态度则伴随在上述目标的实现过程中。精心设置教学目标，努力实现上述四个方面的整合，这是实施新课程资源整合的一个重要内容。由于教学目标就是教师对学生学习结果的预期，所以教学目标和学生的学习结果是相同的。如果把上述四个目标和加涅的学习结果分类相对照，它们之间的对应关系大致可认为：知识属于言语信息，技能和问题解决属于智慧技能，数学思考属于认识策略，情感与态度则属于态度范畴。加涅的学习结果分类对于课时教学目标的设计具有重要的指导作用。

2. 目标陈述的基本要求

（1）教学目标陈述的是学生学习的结果，陈述通过学习后学生会做什么和说什么，而不是陈述教师应该做什么。

（2）教学目标的陈述应该力求简单、准确、明确。知识技能目标尽量做到可以观察和检测。“简单”指每课时的教学目标不要太多，太多反而没有目标。同时表述要简单易记。“准确”指目标要与《标准》的要求相一致，否则容易偏离方向。“明确”指表述要尽量用规范的、意义明确的用语。用一些行为动词将学生应做什么和会说什么具体化，这样目标陈述就可明确。

（三）课时教学目标设计和陈述的实例

【例】教学课题：《认识数 1 ～ 5》（人民教育出版社义务教育课程标准实验教科书数学一年级上册）

1. 教材分析

本单元教材内容由两部分构成，一部分是“5 以内各数的认识”，另一部分是“5 以内数的加法和减法”。这两部分教材是数概念中最基础的知识之一，是学生学习数学的开始。结合课程总目标中有“数的认识”相关的要求和第一学段的教学目标可知，通过学习，要能训练学生认、读出 1 ～ 5 各数，了解数的组成，了解基数和序数的含义，认识数 0，初步了解加、减法的含义并能进行 5 以内数的口算。

《认识数 1 ～ 5》是本单元的第一课时。我们知道：自然数是一类等价的有限集合的标记。即是说，0 以外的自然数表示非空有限集合中元素的个数。在九年制义务教育小学数学教科书中，关于 10 以内自然数的教学，体现了数学家关于自然数概念的一些研究成果。本节教材基于儿童已有的关于数数的经验，为学生提供了如下活动：找出野生动物园各种动物→点数每一种动物的只数→将每一种动物的数量用小棒表示

→抽象出 1 ~ 5 各数→认读 1 ~ 5 各数→认识数的顺序→写数。分析教材，我们可以体会其编写意图：

（1）分类：将观察到的动物归类，建构集合。

（2）建立图像模型：引导学生从物体数量的角度观察事物，并用小棒表示相应集合中对应元素。

（3）建立符号模型：用数字刻画集合中元素的个数。

（4）认识数的顺序：用算珠和点子图加深数序的印象。使学生能根据数的顺序感知数的大小。

（5）写数：用四字格表明数的结构和笔顺。本节学习内容的教学重点，是让学生感知自然数基数的含义（也是难点），初步建立起关于自然数的概念。学会数数、认数、写数。这一学习过程中，也渗透了数学分类的思想、对应的思想、符号化思想。

2. 分析学生

我们知道，对于刚入学的儿童来说，他们对数的感知是模糊的。虽然他们大都能数出 10 以内的数，但对这些数所代表的实际数量不一定理解得很清楚。在教学中，让学生经历从日常生活中抽象出数的过程，体会自然数的含义，有助于培养学生的数感和符号感，体现数学的教育价值。本节的教学目标可以确定为：

（1）能表述 5 以内数字表示的数的含义。会说出数的顺序。

（2）会读、写 5 以内各数。能按物数数、按数取物，会用数字、实物或图形等多种方式表示物体的个数。

（3）能积极主动地参与学习活动。如果将本节目标陈述为“了解生活中数及生活常识，感受到生活中处处有数学，体会用数学的乐趣，进而体验成功的乐趣”，那么，一方面，“了解生活中的数”属于认知领域，“体会用数的乐趣”属于情感领域，就出现了学习类型的交叉；另一方面，也不能确定学生通过学习具体能学到什么。

三、小学数学课堂教学任务分析

任务分析的基本思想是主张学习有不同的类型，不同类型的学习有不同的过程和条件。任务分析的目的，是促使我们能运用现代学习论和教学论，依据学生学习的规律进行教学。我国很多优秀教师课堂教学都符合任务分析的思想。这里，我们把课堂教学任务分析界定为做以下几项工作。

（一）对教学目标中蕴含的学习结果进行分类

对教学目标进行分类，需要我们具备学习分类的知识。当代学习心理学关于学习结果分类的理论，为我们进行小学生数学学习的分类提供了依据。利用学习结果分类知识，有助于更好地鉴别教学目标中学习结果的学习类型。比如，“长方形面积计算”教学目标：

（1）借助带有方格的面积图，说明当长与宽都是整数时，长方形面积等于它的长乘宽的理由；

（2）对给予的长方形实物，能正确计算它的面积；

（3）学习利用数形结合、对应的思想方法解决问题的策略；

（4）培养学生初步的辩证唯物主义观点。由于上述教学目标陈述比较具体，所以可以参照加涅的学习结果分类和信息加工理论。

（二）分析实现教学目标（预期的学习结果）需要的条件

分析实现教学目标需要的条件，包括内部条件（学生自身的条件）和外部条件（学生自身之外的条件），这里主要指内部条件。内部条件又分为必要条件和支持性条件。必要条件是指缺少了它学习不能产生的条件。比如智慧技能学习的必要条件，就是使终点目标得以实现而必须先行掌握的子目标。可以从终点目标出发，反复提出这样的问题：“学习要完成这一目标，必须预先具备哪些能力？”一直追问到学生的起点状态，即起点能力（学生原有的知识和技能）为止。然后把学生需要掌握的子目标按顺序排列出来，为教学顺序提供依据。支持性条件是促进或减缓新能力形成的条件（包括学习习惯、态度、学习方式等）。比如，上述“长方形面积计算”学习中的必要条件：掌握长方形中“长”和“宽”的概念。按照加涅的智慧技能学习层次论，规则学习的先决条件是概念，所以长方形面积计算公式（规则）的学习以“长”和“宽”的概念为前提条件。支持性条件：能使用数形结合思想方法和归纳推理的策略。由于长方形面积计算公式的得出，是学生第一次经历由面积的直接计量发展到间接计量，所以掌握了“长”和“宽”两个概念还不足以理解面积的计算公式。最重要的是找到长方形的面积和边长的关系。而这需要通过陈述性知识形象表征形式，让学生用单位面积（透明方格）去发现长边边长和宽边边长与单位面积个数的对应关系，从而归纳出面积公式。

四、小学数学教学策略设计

教学策略设计主要指教学过程的安排、教学方法的选用等方面的设计。解决“如何教”“如何学”的问题。教学策略是指向具体的、特定的教学目标而采取的有针对性的措施，不同的学习类型、不同的教学目标，应该有不同的教学策略，所以，它具有灵活性、多样性的特点。教学策略的设计，尤其要重视体现教学方式和学习方式的转变，体现“预设”与“生成”的统一。“预设”是预测和设计，是教师课前对课堂教学进行的有目的有计划的设想和安排。“生成”是生长和建构，是师生在交往互动中超出教师预设方案之外的新问题、新情况。要实现预设和生成的统一，教师应为学生的自主、合作、探究的学习方式提供空间。

（一）概念的教学策略设计

小学数学概念包括数的概念、运算概念、量的概念、几何概念、统计概率的概念、简易方程的概念、比和比例的概念、数的整除概念等。像 1+1=2 这样的简单算式，就涉及数的概念、运算概念、符号概念。所以，数学概念是形成数学知识体系的基本要素，是基础知识的核心。加强概念的教学，是提高教学质量的重要保证。概念学习的本质是掌握一类事物的共同本质特征。具体的学习有两种水平：①把概念作为陈述性知识学习，要求学生能说出概念的名称、含义或其关键特征；②把概念作为程序性知识学习，习得概念后能用概念的关键特征对概念的正反例进行区分，能够熟练运用概念的定义去进行判断、分类、推理。这两种学习水平，前者是后者的基础和前提。即学生首先以陈述性知识的形式掌握概念的关键特征，再利用这一关键特征去做事。落实概念学习的这两种水平，才能够形成智慧技能。由于获得概念的主要形式是概念的形成和同化，因此，小学数学概念教学主要采取两种方式。

（1）概念形成的教学策略

概念的形成，是指对同类事物中若干不同例子进行反复感知、分析、比较和抽象，以归纳方式概括出这类事物的本质特征，从而达到掌握这一概念的过程。对于初次接触或较难理解的概念，可以采用概念形成的方式进行学习。教学的基本步骤：

①概念的引入。提供概念的例证上例提供的分数概念的几个例证，突出了概念的关键特征。②利用例证，激活学生原有的关于该概念的已有的知识和生活经验，这是概念教学的重要步骤，目的是让学生理解概念的关键特征。概念引入的方法很多，常用的有实例引入、计算引入、猜想引入、情境引入等。

（2）概念的形成。揭示概念的本质属性在学生初步感知概念的某些本质属性之后，这一环节的教学重点是引导学生分析、比较，及时抽象、概括出概念的本质属性。具体的做法是：分化出概念例证的各种属性。比如，上例中单位“1”、平均分、这样的一份或几份。概括出概念例证中共同的本质属性。比如：上例中关于分数意义的概括。

检验假设，确认关键属性。在这方面，采用变式是一种有效手段。变式是指概念的例证在非本质属性方面的变化。利用变式的目的是通过非本质属性的变化突出本质属性，如果特征在变式中都出现，就可以确认是共同本质属性。完成本质属性的概括，形成概念。用语言对概念进行描述或为概念下定义。

（3）概念的理解和转化。学生知道了概念的含义并能用语言陈述同类事物的共同本质属性，只是完成了陈述性阶段的学习，即第一级水平。但这还不够。不少学生在解决一个问题时，百思不得其解。可是经过别人的提醒，会恍然大悟。其原因就在于不是缺乏所需要的陈述性知识，而是缺乏与具体的知识相对应的以“如果……那么……”的形式表示的规则。在概念教学中，要把陈述性知识转化为程序性知识，使之能在新的情境中应用，需要有一个练习和转化的环节。通过练习促进学生对概念的深入理解，转化为办事的规则。

（4）概念的运用要使概念在学生头脑中形成稳定的观念，还需要用它解决问题。在小学主要是通过设置练习情境来达到运用概念的目的。运用概念的过程，实际上是概念具体化的过程，而概念的具体化有助于学生对概念的深刻理解和牢固掌握。

2. 概念同化的教学策略

概念同化是指学生利用原有认知结构中的观念来接纳新概念的过程。概念同化的过程不仅使知识获得意义，而且扩大了原有的认知结构，它是一种有意义的学习。学习的关键是要把握好新概念和原有概念之间的关系。教学的基本步骤：

（1）概念的引入——提示原有的知识和概念形成的教学一样，概念同化的教学也要让学生理解概念的关键特征，但理解的方式不一样。概念形成是上位学习，而概念同化是下位学习。如本例中，在学习“正方形”时，用于同化的上位概念是“长方形”。因此，概念同化教学在引入环节中，要注意引导学生回忆原有的、概括程度和包容范围更大的概念和相关概念。

（2）概念的形成——揭示概念的本质属性采用概念同化的教学，基本步骤是：揭示概念的关键属性，给出概念的定义、名称和符号；解释定义中的词语符号代表的意义，使学生准确理解概念；找出新旧概念的异同，将新旧概念相联系，再将新概念纳入已有的认知结构中；利用肯定例证和否定例证进行辨认，以便区分新旧概念，促进知识的迁移；概念的理解和转化；概念的运用。在概念教学中，由于新概念有的是在原有概念基础上形成的，有的是原有概念的限制、延伸或扩充，因此，概念之间有着内在的联系。这些联系是建立概念系统的前提，也是形成良好认知结构的重要内容，所以要及时将所学的概念加以整理，形成概念网络，这有助于理解和吸收新概念。

（二）规则的教学策略设计

数学规则的学习主要是指公式和法则、定律和性质的学习。规则学习，实际上是学习几个概念之间的关系。因此，概念学习是规则学习的基础。作为程序性知识的规则，它的学习首先要经历陈述性学习阶段，但规则学习不仅是习得描述规则的言语信息。即是说，学生能理解并能陈述表达规则的命题，并不能认为他已经掌握了规则。规则学习还需要将陈述性知识转化为程序性知识，以便在新的具体情境中解决新问题。

（三）问题解决策略的设计

在问题解决教学中，应着重注意几个问题：

1. 学会表征问题

表征问题是一个关键环节。如果对问题是什么，要做什么，自己可以做什么都不知道，就不可能解决问题。表征问题有两种方式：一种是内部表征，一种是外部表征。内部表征即是在头脑中考虑问题，它依赖于问题解决者的知识和经验。外部表征的形式主要有：

（1）简缩问题。情境中的数学问题是什么？给了什么数据？哪些是重要信息？然后简述重要部分。

（2）将内部表征用数学语言符号写出来。

（3）用列表格、画示意图的方式来揭示隐含的数量关系。

（4）把特殊的问题一般化或一般的问题特殊化。

2. 学会建立数学模型

培养学生解决实际问题的能力，关键是数学建模能力。即把实际问题转化为纯数学问题的能力。在问题解决中，当能用自己的语言复述问题后，接下来要做的就是学会把问题简单化或符号化。即尽量转化为一个比较熟悉或简单的问题，并把问题中的数量关系用数学知识表示出来。在平时的训练中，学习用不同的方式表述问题或改变叙述方式，比如，“甲比乙多几”可以表示为“乙比甲少几”“甲与乙的差是几”，训练逆向思考能力。这些都有助于建立数学模型。

3. 合理选择运算方法

通过建立数学模型，把实际问题转化为数学模型，然后运用所掌握的数学知识来解决问题，要合理选择简捷合理的算法，不能只顾埋头计算，盲目推演。应该将结果返回到实际情景中去，看看答案是否合理，是否有现实意义。

（四）课堂教学设计的其他策略

新课程把转变学生的学习方式作为改革的主要内容，提倡学生自主、探究、合作学习，主张使教学过程成为学生经历数学化的过程、自己构建知识的过程和师生互动的过程。新的学习方式创造出一种新的互动式的学习文化，下面我们介绍几种教学活动的基本结构。

1.“多向互动、动态生成”式教学过程

（1）通过开放式的问题、情境、活动，要求学生联系自己的经验、体验、问题、想法，或预习时搜集的信息进行多种形式的交流，开发学生的“原始资源”，实现课堂教学过程中的资源生成。

（2）在教师初步汇集资源基础上，生成与教学内容相关的新问题“生长元”。

（3）通过网络式的生生、师生多向互动，形成对“生长元”多解的“方案性资源”。

（4）教师汇集不同的方案性资源，组织学生一起进行讨论、比较、评价、互补、修正、形成较不同方案性资源更为丰富、综合、完善的新的认识，并引出新的开放性问题。

3. 探究性学习的教学过程

探究是指学生建构知识，形成科学观念，领悟科学研究方法的各种活动。探究学习的基本特征是：学习内容不以定论的形式直接呈现给学生，而是引导学生通过探索，发现应有的结论。为了使探究和发现在教学实践中可行，教师要精心设计、简化发现的过程。使探究学习符合小学生的知识基础和思维水平，并提供足够的探究时间。探究式学习的基本步骤为：

（1）问题——提出疑惑事件或提出研究事例。

（2）猜想——根据已有的知识和经验做出假说和猜想，检验猜想并修改猜想。

（3）论证猜想——为了确保猜想的真实可靠，需要找到猜想和已有的、确实可靠的知识之间的必然的逻辑联系，并由后者通过严密的推理推出前者。

（4）交流——解释论证过程，使别人有机会质疑、挑问题。探究性学习中，建立猜想是一个重要的环节。但是提出猜想以后必须检验，检验中发现矛盾，原猜想即被推翻。这时需要重新提出猜想或修改原来的猜想，逐渐使学生对客观规律的认识趋于全面。论证是当前小学数学教学中比较薄弱的环节。但通过由合情推理到论证推理的训练，可以使学生受到比较完整的科学方法论教育，这是学生在学习上能否做到“可持续发展”、适应未来学习的关键。当然，论证的方法要适合学生已有的知识基础和思维水平。

4. 以实验操作为主线的教学过程

动手操作是学生学习的重要途径。它可以使学生用外显的动作来驱动内在的思维，并将外显的操作抽象成数学的表达，感悟并理解新知。通过操作，加深学生对知识的概念性理解，培养数学的观念。以实验性操作为主线的教学，即指以学生对材料的实验性操作为起点，通过教师的引导分析比较，获得新的结论。其结构可表示为：材料呈现—尝试操作—发现特征—重新操作—修正认识—问题解决—获得认识。以操作为主线的教学中，要注意留给学生足够的时间，同时应注意适度、适量。适度即指并非所有的内容都要操作；适量即是说在操作时要在丰富的表象的基础上及时抽象。

第四章　小学数学教学实施

第一节　小学数学课堂教学的基本方法

我国有学者认为，教学方法“是在教学过程中，教师和学生为实现教学目的，完成教学任务所采取的教与学相互作用的活动方式的总称”。小学数学教学方法应有以下几个特点：①小学数学教学方法是为实现教学目标而实行的一系列有目的行动；②小学数学教学方法反映了教师的教学活动和学生学习的活动相互作用的关系；③小学数学教学方法是随教学思想、教学目标和教学内容的变化而变化的。在新课程理念下，小学数学教学方法实施的着重点，是引导学生积极地思考问题和解决问题。在本节，我们着重介绍四种小学数学常用的教学方法：启发式谈话法、讲解法、练习法和演示法。除此之外，还有指导操作法、实习法等多种方法。在教学中教师要善于根据具体情况，合理选择教学方法，研究教学方法的最佳组合，以提高教学效益。

一、启发式谈话法

启发式谈话法是通过有目的、有计划的师生对话进行教学的一种方法。其核心是启发学生的思维，培养学生思考的积极性、主动性，发展学生的语言表达能力且具有反馈的及时性，使教师及时把握学生思维的脉搏。所以在各个年级都可以使用。采用启发式谈话法应注意的问题是：

（1）找准知识的联结点和原认知结构中知识的生长点，将问题按照一定的逻辑顺序展开，使讨论行之有效。

（2）问题简单明确，具有一定的开放性，为学生留有思考的空间。

（3）谈话时要面对全体学生，营造出宽松的安全的心理环境，使课堂体现一种平等、互动、自主、建构、生成性。

（4）谈话后要及时小结，使学生获得系统的完整的知识。

二、讲解法

讲解法是指教师通过讲解向学生说明、解释、论证数学概念、规则和规律性知识。其核心是教师系统地、流畅地、有论据地讲述新的知识。它的优点是学生能比较系统地获得数学知识，学习推理的方法。但这种方法信息传输方式是单向的，学生会因为参与不够影响对教材的理解。同时，要求学生有一定的理解能力和较好的听课能力，所以一般多在高年级使用。利用讲解法要注意很好的组织教材，讲述条理清楚、重点突出，语言准确、精练、生动；注意运用分析与综合、归纳与演绎等逻辑方法，为学生做出示范。同时，注意启发式讲解和注入式讲解的区别。注意利用多种教学手段，并配以规范的板书，调动学生听讲的积极性。

三、练习法

练习法是在教师的指导下，通过练习来巩固知识，形成技能、技巧，并发展智力的一种教学方法。练习法是小学数学教学中经常使用的方法。数学教学必须重视练习法的使用。小学数学课上的练习可以分为准备性练习、理解性练习、巩固性练习、形成技能性练习和复习性练习、发展性练习。使用练习法要注意的问题是：

（1）练习的目的明确、层次清楚。在不同的教学阶段有不同的练习要求。要让学生明确练习的目的。比如准备性练习是启动学生的认知结构，为新知识做铺垫，练习时要抓住新旧知识的衔接点进行练习；巩固性练习是围绕主题由易到难的基本练习、变式练习、逆向练习等，要求表达清晰、明确、书写规范；发展性练习可以是混合练习、对比练习、迁移练习、扩展练习等。

（2）练习的形式多样。练习设计要避免机械重复、单调封闭、脱离实际的面目，向着既能使学生习得的基础知识得到巩固，基本技能得以提高，又能促进学生乐学、会学。创新精神和实践能力发展的方向变化，其形式要体现从枯燥走向有趣，从封闭走向开放，从课堂走向实践，从个体走向互动，从被动走向主动的特点。并注意有一定的弹性，使各种层次的学生都有收获。

（3）练习的分量和时间要适当。练习的总量不足，练习不及时，可能会影响学生对知识的理解、记忆或技能的形成，造成学习的困难。但超量、单调的练习会导致学生负担过重，降低学习兴趣。

（4）对练习结果要及时评价。教师要及时检查和了解学生的练习情况，及时评价，便于学生及时调控和纠错。

四、演示法

演示法是指利用直观教具说明或印证知识的一种教学方法。演示法为学生提供了鲜明的感性材料，使抽象的知识具体化、形象化，帮助学生发现对象的本质特征，理解掌握抽象的数学知识，发展学生的观察、抽象概括能力。在小学数学教学中，应重视使用演示法。运用演示法要注意：

（1）根据教学目的、教材性质和学生特点选择恰当的演示教具。注意教具的代表性、典型性；注意教具的大小、色彩，给学生以视觉上的美感；注意突出对象的本质特征或发展过程，给学生形成清晰的表象。

（2）在演示之前要给学生以明确的观察和思考的任务。

（3）演示要与讲解相结合。

（4）演示后要注意及时总结归纳或引导学生抽象概括，得出规律。

第二节　“数与代数”的教学

“数与代数”领域的内容是由以往数与运算、代数初步知识和量与计量的部分内容整合而来的。在小学数学教学中占有重要的地位，它是进一步学习数学知识和学习其他领域的内容时所必备的知识。

一、“数与代数”的教育价值

（一）“数与代数”是小学生实际生活和数学知识学习的基础

“数与代数”的内容在第一学段和第二学段主要有整数、小数、分数与百分数的认识及四则运算；时间、长度、重量（质量）、面积、体积等单位的认识；用字母表示数，简易方程和列方程解应用题等。这些知识在人们的日常生活中有着最为广泛的应用。整数、小数、分数与百分数的基本知识和基本运算，也是学习计量、进行图形的有关元素的量化以及学习概率统计知识的基础。

（二）“数与代数”能使学生学习描述和刻画现实世界

数量关系和变化规律的重要语言和数学模型在“数与代数”的学习过程中，通过数概念的建立、数系的扩充以及数的运算、公式的推导、方程的建立和求解等数学探索，能使学生体会到数学与生活的联系，认识到数字、数学符号是刻画现实世界数量关系的重要语言，自然数、公式、方程等是描述现实世界的数学模型，它们不仅为数学的表达和交流提供了有效的途径，也为解决现实问题提供了重要的工具，可以帮助人们更准确、更清晰地认识、描述和把握现实世界。从而感受到数学的价值，初步学会用数学的思维方式和数学的方法去分析、解决日常生活和其他学科学习中的问题，增强应用意识和初步的应用能力。

（三）“数与代数”促进学生用科学的观点认识现实世界

正数与负数、精确与近似、方程与求解、已知与未知等概念蕴涵着对立统一思想，变量和函数中蕴涵着运动变化的思想。字母表示的思想，深刻地揭示和指明了存在于一类问题中的共性和普遍性，把认识和推理提高到一个更高的水平。而数与代数中还有很多相互依存、对立统一的概念和计算方法，如整数与分数、约数与倍数、加与减、乘与除、通分与约分等等。教学中阐明这些相互依存的概念与计算方法之间的相互关系时，也就渗透了辩证唯物主义观点的启蒙教育。

二、“数与代数”的主要内容及教学要求

“数与代数”的内容，在第一学段和第二学段（1 ~ 6 年级）主要包括数的认识、数的运算、常见的量、式与方程及探索规律等。在第一学段，主要学习万以内的整数、简单的分数和小数、常见的量。体会数和运算的意义，掌握数的基本运算，探索并理解简单的数量关系。在第二学段，学生将进一步学习整数、分数、小数和百分数及有关的运算，进一步发展数感；初步理解负数和方程，开始借助计算器进行复杂的计算和探索数学问题；获得解决小学生生活中简单问题的能力。

三、“数与代数”教学中应注意的问题

（一）理解数和运算的意义

“数与代数”中整数、分数、小数等数的概念，加法、减法、乘法、除法等运算概念，都是在人们的生活和生产的需要中发展起来的重要概念。数与代数本身具有抽象性，但所反映的内容又是非常现实的，与人们的生活有密切的联系。《标准》要求“结合现实素材”“结合具体情境”进行学习。即是说，学生在学习过程中，不仅要掌握

必要的知识和技能，而且要在学习过程中，体验、感受、理解这些知识的来源、现实背景和本质，建立数感。所以在教学中，要关注以下问题。

1. 注重创设问题情境

教育和心理学的研究表明：当学习的材料与学生已有的知识和生活经验相联系时，学生对学习才会是有兴趣的。学生的学习需要凭借一定的情境，有效地内化从客观世界抽象出来的科学知识。数学情境是沟通现实生活和数学学习、具体问题和抽象概念之间的桥梁，生动的数学情境，能诱发学生思维的积极性，调动学生原有的知识、经验、策略、模式，引发丰富的联想，促进学生积极参与知识的获得过程、问题的解决过程，体会到数学的价值。

2. 借助操作工具、图形、图表理解数和运算的意义

利用操作工具、图形、图表、符号等，使学生理解知识背景，把握知识之间的内在联系，有助于学生理解、掌握概念和运算意义。

（二）关注学生运算技能的形成

技能是指顺利完成某种任务、经过练习而成的动作方式或智力活动方式。技能的高度熟练化并达到了完善的、自动化的程度称为技巧。数学的运算技能，是能按照一定的步骤和程序去计算。计算是帮助我们解决问题的重要工具，是小学阶段数学学习的重要基础知识和技能之一。在小学数学教学中，计算方面的内容主要包括整数、小数、分数的四则运算，计算的形式主要有口算（心算）、估算、笔算等。以往的数学教学大纲对小学生计算能力的要求，概括起来可以是“正确、迅速、合理、灵活”。由于技能要通过一定的练习才能获得，往往导致数学技能训练步入“机械记忆、过度操练”的误区。

《标准》在保证基本运算能力熟练的基础上，降低了对运算复杂性和速度的要求。在计算教学中，提出要重视口算、淡化笔算、加强估算、提倡算法多样化，注重应用意识和解决问题的能力的培养。

1. 重视口算技能的训练

口算又称心算，是指不借助于计算工具、不表达计算过程而直接通过思维算出结果的一种计算方法。口算既是学生的一种重要的计算能力，也是笔算的基础与估算的基础。口算能力强，笔算和估算也会学得好。学生学习口算需要在形成数概念、弄清四则运算含义的基础上学习，在进行口算时，需要集中注意力听清事实、记牢数目、理解关系、选择算法，因此会促进学生注意力、记忆力和数学思维能力的发展。

教师要在理解数和运算意义的基础上，抓好基本口算训练。教给学生一些口算和

速算的技巧，通过听算、视算等方式，利用多样化的形式，如口算卡片、口算练习片、口算表、口算游戏等，提高学生的口算兴趣和口算的技能。并注意抓住可以口算的时机进行练习，逐渐养成学生的口算习惯。

2. 重视估算能力的培养

“估算”是一个相当重要的数学技能，在日常生活和数学学习中有着广泛的应用。估算教学的重点在于使学生养成估算的意识和估算的习惯，学会估算的方法，提高估算的能力。估算意识是指遇到具体问题时，能有意识地思考和选择运用估算的方法去解决。它具有重要的应用价值。

3. 注重理解计算法则

笔算主要是运用运算法则，用笔写出计算过程的运算方法。学习不同种类的笔算方法是小学生的重要任务。进行计算，重点在于使学生熟悉和运用运算法则。当然，计算法则不是笔算的唯一方法，在笔算教学中，要注意提倡计算方法的多样化。

在运算中，既要让学生依据一定的算法，又要使他们理解其中的算理，即知道“为什么要这样算”。所以在运算法则的教学中应突出运算法则的建构过程，重点突出算理的理解过程和法则的归纳过程。突出算理的理解过程常用的方法可以是通过让学生利用已知的数学知识、经验、借助直观，在操作和观察的过程中感知、获得表象，进而内化为算理。

（三）增强应用意识，渗透数学建模思想

学习数学，最重要的是使学生真正理解数学、应用数学。100 年前，就有许多数学家和数学教育家提出了“重视应用”的口号。20 世纪 80 年代，美国提出了“问题解决”的口号，并为各国数学教育界所普遍接受。相对于大量的数学计算和推理和数学知识和技能的积累，数学的应用或者说数学的建模，在理解数学的意义和学校教育中的作用显得越来越重要。所谓数学模型，是指针对或参照某种事物的特征或数量的相依关系，采用形式化的数学语言，概括地或近似地表达出来的一种数学结构。

新课程提倡结合具体的教学内容，采用“问题情境—建立模型—解释、应用与拓展”这一过程来进行数学教学。从上章的例子可以看出，小学生从学习认数开始就在通过具体问题进行数学建模活动。可以说，在数与代数的教学中，数学建模是一条主线。在教学中应注意通过问题的提出和解决过程让学生体会数学建模的思想。

第三节 “空间与图形”的教学

几何是数学中非常重要的一个分支学科。20世纪70年代起“几何初步知识”成为我国小学数学的一个重要组成部分。新课程把“几何初步知识”拓展为“空间与图形”，这是数学课程改革的一种国际趋势。它更多地关注利用直观和非形式化的手段，使学生更好地认识、理解和把握自己赖以生存的空间，提高学生的空间观念和推理能力。

一、“空间与图形”的教育价值

（一）“空间与图形”有助于培养学生初步的空间观念

“空间观念”是《标准》规定的数学学习内容的核心概念之一，它是指人们对常见物体的形状、大小、相互位置关系形成的表象。通过“空间与图形”的教学培养学生初步的空间观念，可以归结为四个层次：①“想象”，要求能在“实物形状”与其“几何图形”“几何体与其三视图、展开图之间”进行转化；②能对图形及基本元素之间的关系进行“分解”和“分析”；③能通过“思考”把物体的几何形象的运动、变化及位置关系“描述”出来；④能根据对条件的描述把几何体的模型做出来，或把几何图形画出来。学生具有了空间观念，表现在能重现过去感知的几何形体的特征、大小、相互位置等，并以此为材料进行思维、加工、组合，从而促进空间想象能力的发展。

（二）“空间与图形”的学习有助于培养学生的思维能力

“空间与图形”的教学对发展学生的形象思维起到至关重要的作用，同时在学习的过程中，也可以培养学生比较与分类、分析与综合、抽象与概括、判断与推理等逻辑思维能力和归纳、类比和猜测，发展合情推理能力。比如，在图形的认识中，需要对不同的感知材料进行分析和比较，抽象概括形成关于图形的概念。在图形与位置、图形与变换的学习中，需要进行合情推理。

（三）“空间与图形”的学习有助于培养学生创新能力

人类的创造活动有一个重要的因素是直觉。直觉思维是一种以高度省略、简化、浓缩的方式洞察问题实质的思维，其主要特征是能在一瞬间迅速解决问题。在空间与图形的学习过程中，学生可以通过对物理空间的具体观察，借助图形直观，运用类比、猜想、构思、验证、作图等方式进行学习活动，通过几何语言（如图形、图表、图像）构建直观的、形象化的数学模型，不断延长和改造原始的空间直觉，从而有效地促进学生几何直觉和推理能力发展。空间与图形的学习作为一种直观的、形象的数学模型，在培养学生的创新能力方面，有着独特的、不可替代的作用。

二、“空间与图形”教学中应注意的问题

（一）强调几何直觉，加强空间观念的培养

空间观念是在空间直觉基础上形成的关于几何形体大小、形状及其相互位置关系在人脑中的表象。张奠宙先生说过：数学的对象是“思想材料”，即人们从现实世界中获得“数”“形”的认识之后，就把现实的形态“暂时放在一边”，只对抽象的“数”和理想化的“形”进行研究。而小学生空间直觉的发展和空间观念的建立，主要依赖于经验、具体观察、反复实验而获得。因此在“空间与图形”教学中，要注意引导学生通过观察、操作、有条理的思考和推理、交流等活动，并从多种角度认识图形的形状、大小、变换和相互位置关系。在教学中可以分层次进行：

1. 培养形体特征的空间观念

首先，要重视对形体特征的感知。在教学中最有效的途径就是让学生对客体（几何图形或空间物体）进行观察、触摸、操作、实验、测量等各种具体感知活动，调动学生的视觉、触觉、听觉等多种感官参与学习，让学生自己去摸一摸、比一比、折一折、剪一剪、拼一拼、画一画、量一量等，让学生积累丰富的几何表象。其次，要重视从实物到图形的过渡。从实物到几何图形的过渡是培养学生形体特征空间观念的重要阶段，要引导学生在直观感知的基础上，通过分析比较几何体的形状特征，抽象出它们的共同本质属性。

2. 培养形体大小的空间观念

几何形体的大小是空间观念的重要组成部分。认识几何形体的大小包括常见形体的边或棱的长短、角的大小、表面积和容积体积的大小、测量距离等。在教学中，首先要加强计量单位的教学，引导学生感知计量单位的大小，形成计量单位的表象。其

次要加强观察、测量，积累感性材料，如测量步长、书本、课桌的长短和书本表面和桌面的面积等，形成对物体形状大小的表象。还要注意组织估测练习，将估测的大小和实际物体的形状大小进行比较，这是形成空间观念的量化手段。

3. 培养形体之间位置关系的空间观念

物体间的位置关系包括平面内两条直线的位置关系，三维空间内的物体之间上、下、左、右、前、后，东、西、南、北等。要加强操作、实践活动，重视物体位置的确定。应当明确关于空间最原始、最基本的概念就是"位置"。空间可以说就是宇宙中所有物体位置的总和。有关各种位置的概念及其相互关系的教学，是形成和发展学生空间观念的重要基础。把握物体所在的位置，关键在于确定一个参照点（系）。要引导学生区别两种参照系：一种是面对现实空间的讨论，它有固定的参照系（太阳升起的方向为东，或指南针的一端指向南），一种是面对虚拟空间（如地图、作业图纸上的设定），则人为设定的方向为参照系。

（二）在现实生活情境中丰富学生的空间体验

学生的生活世界和接触的事物大都与图形有关，在开始学习空间与图形的知识时，已经有了自己关于方位、距离、形状、大小的经验。在教学中，应该注意以学生的生活空间和熟悉的事物为背景创设情境，加强直观教学。通过实物直观、模型直观使学生掌握形体的特征，通过体验式活动建立空间感。

（三）强调空间推理能力

空间推理能力是学生几何学习中的重要内容。空间推理是结合情境进行的推理，是没有严格的形式逻辑的"形式化"推理。比如，学生要回答"坐在自己对面的同学看到的汽车是什么样子的？"这一问题，就需要借助空间位置变化进行推理。它要伴随一系列的数学思维活动：与位置有关的分析、演绎、归纳、推广等，还要运用"如果……那么……"的推理形式。在教学中，要设计有利于学生主动猜测、推理、验证的学习内容，比如在学习三角形的分类时，可以漏出一个角，让学生猜测是什么三角形，使学生从中体验"确定"和"不确定"的情境，发展推理能力。

（四）重视测量的意义和方法，提倡估测

在课程标准中，测量作为四个学习内容之一被单独提出，可以看出这是根据各国数学课程改革的特点，加大了测量改革的力度。测量包括测量的"单位""周长、面积及体积"。要测量离不开具体的操作，在教学中，要结合生活实例，使学生通过操

作体会标准单位的意义和建立标准单位的必要性，感受量的实际意义。在测量的过程中，选择合理的测量工具是进行有效测量的重要前提，所选择和使用的测量工具必须保证得出的结果是一个合理的数字。

第四节　“统计与概率”的教学

统计与概率主要是研究现实生活中的数据和客观世界中的随机现象，通过对数据的搜集、整理、描述和分析以及对事件可能性的刻画，来帮助人们做出合理的推断和决策。

一、“统计与概率”的教育价值

（1）“统计与概率”的学习，有助于使学生逐步形成统计观念，掌握统计与概率的基本思想方法，形成尊重事实、用数据说话的态度。

（2）“统计与概率”的学习，有助于培养学生用随机的观点来理解世界，形成科学的世界观与方法论。

（3）“统计与概率”的学习，有助于培养学生解决问题的能力。涉及解决问题、计算、推理，以及整数、分数、比值等知识，这实际上是在学习新知识的同时复习和运用过去的旧知识。

（4）“统计与概率”的学习有助于培养学生对数学的积极情感体验。统计与概率这一领域的内容对学生来说是充满趣味和吸引力的。动手搜集与呈现数据是一个活动性很强并且充满挑战和乐趣的过程，做概率游戏本身就是对思维的一种挑战，也是一个非常有趣的过程。

二、“统计与概率”教学中应注意的问题

（一）强调学习的过程性

统计知识的学习是一个包括数据的搜集、整理、描述和分析的完整过程。根据统计的这个特点，小学阶段统计内容的教学应该注重以过程为线索。

1. 让学生体会统计的必要性

《标准》强调让学生发现和感受统计的必要性，参与决定统计哪些信息。如果每一个统计知识的学习都能让学生充分参与讨论，自主决定统计的信息，学生就能强烈地感受到生活中的很多实际问题需要统计才能解决，从而体验到学习统计知识的重要性。

2. 让学生经历和参与搜集、整理数据的过程

搜集和整理数据是统计的首要任务。如上例，要知道同学们都喜欢什么书，喜欢各种书的人数大致有多少，就必须要调查。同学们可以自己设计调查问卷、向全校同学发放问卷。可以分班收集问卷，也可以全校统一设置信箱收集问卷。

3. 让学生经历和参与分析和描述数据的过程

学生将亲自搜集、整理的数据，经过分析，以适当的方式呈现，这就是统计的结果。

（二）注重在活动中学习

数学教育家弗莱登塔尔指出："学一个活动的最好方法是做。"教学中教师应该尽力为学生提供充分从事数学活动和交流的机会，通过活动体验统计的思想，建立统计的观念，体会统计与生活实际是密切联系的。在搜集数据、处理数据以及利用数据进行预测、推断和决策的每一个环节中包含着大量的活动，每一个活动的参与，都能使学生学习和掌握一些统计的方法，同时获得统计思想观念的发展。

（三）注意不确定现象的教学

1. 引导学生体验事件的发生

有些是确定的，有些是不确定的，让学生亲身体会客观世界不但存在确定的事件，也存在着不确定的事件，亲自体验问题的随机性。教学时，教师联系学生熟悉的生活实际，说一说什么事情一定会发生，什么事情不可能发生，什么事情可能发生，也可能不发生，引导学生把头脑中原有的、朦胧的随机直觉转变为科学的随机思想。

2. 让学生体验事件发生的可能性有大小

要指导学生学会使用"一定""不可能""有可能""经常""偶尔"等词语来描述事件发生的可能性。比如，"从一只装有4个红球和1个黑球的袋子里摸一个球"，只要求学生能够回答以下问题："摸到红球和摸到黑球的可能性一样吗？""摸到什么颜色的球可能性大些？""小刚说很可能摸到红球，小芳说不可能摸到黄球，你怎么看？"

3. 能计算一些简单事件发生的可能性

比如“从一只装有 5 个红球、5 个黑球的袋子里摸出一个球，这 10 个球除了颜色外完全相同。摸到红球和黑球的可能性各有多大？”摸到一个红球的可能结果有 5 个，摸到黑球的可能结果也有 5 个，那么摸到红球和摸到黑球的可能性的大小都是 5/10=1/2。

第五节　“实践与综合应用”的教学

强调数学的应用和培养学生的实践能力，是当前国际数学课程改革的基本特征。“实践与综合应用”是在“数与代数”“空间与图形”“概率与统计”这三个知识领域之外设置的一个学习领域，是数学课程中的一个全新内容。它反映了数学课程与数学改革的要求，强调了数学知识的整体性、现实性和应用性，也提供了学生进行一种实践性、探索性和研究性学习的课程渠道。

一、“实践与综合应用”的教育价值

（一）“实践与综合应用”有助于促进数学知识和现实生活的融合

“实践与综合应用”强调数学教学内容之间的内在联系、数学与其他学科、数学与外部世界的联系，将过去在数学知识的学习中处于辅助手段的内容，提升到了一个数学学习的专门领域。帮助学生在学习过程中有更多的机会参与动手实践、观察、操作、思考、交流的活动，接触一些研究和探索问题的题材和方法，使学生能将数学知识在分析和解决实际问题过程中综合应用。这对于改变传统数学课程的结构，帮助学生全面认识和了解数学，发展应用意识和初步的实践能力，非常重要。

（二）“实践与综合应用”有助于转变学生学习的方式

新课程的改革重点，就是要转变学生的学习方式，变被动学习为主动学习，变过分强调接受性学习为以探究性为重要方式的学习，变独立的、竞争的学习为合作学习，培养学生的创新意识和实践能力。“实践与综合应用”为学生的课业学习和学生生活、社会生活提供了沟通的保证，为学生学习方式的转变提供了平台。这将会使数学在学

生的未来的职业生活中发挥积极的作用。

二、“实践与综合应用”教学中应注意的问题

本领域的学习，不追求知识总量的扩充，也不以巩固知识、形成新的技能为目的。

（一）“实践与综合应用”本质上是一种解决问题的活动

“实践与综合”不仅改变着学生的学习方式，也为教师发挥教学的创造性提供了很大的空间。在实践与综合应用的学习中，除了处理好教材提供的素材，还应注重引导学生从熟悉的现实生活中发现、选择和确定恰当的问题，并鼓励学生积极探索。一般说来，一个好的数学活动课题应具有以几个特点：①具有“趣味性”。能激发学生的探索欲望。能激活学生已有的经验和知识，调动已形成的策略和模式。②有一定的“真实性”。小学生容易接受具有实际意义的带有挑战性的任务，所以选材要贴近学生的生活，在知识、能力和活动需要的条件恰当，并注意“创设情境”，使任务尽可能“拟真”。这在数学活动中很重要。③有“数学味”。在课题的探究过程中能包含着明显的数学概念或技巧。比如“如何估计一张报纸上的字数？”学生解答时要用到“对称”“等量代换”“乘法”等知识。④具有开放性，有多种解法，或有多种解答方案，各种解法涉及不同分支或领域。⑤问题可以加以推广。当然，确定课题时，活动的目的应该是明确的。这与学科教学的教学目的类似。学生的完成任务的指标也应该清楚。

（二）“实践与综合应用”要注重学生学习的过程

与其他部分的知识比较，“实践与综合应用”更加关注学习的过程。可以这样说，学习的过程比学习的结果更重要。比如学生研究一张纸的字数。这一结果有没有一个统一的、一致的结果不重要，关键是要让学生积极思维。要使学生学会根据问题，对已经掌握的数学知识进行组织，找出解决当前问题的对策。要鼓励学生多参与、多思考、多在实践中去“做”。而不要以教师“一定要教给学生知识”和“学习一定要有明确的最好的结论”为追求。主题数学活动的过程，一般应包括几个阶段：进入问题情境阶段—实践体验阶段—解决问题阶段—表达和交流阶段。要注意让学生回顾问题解决的全过程，形成自我反思的自觉意识。

（三）“实践与综合应用”评估学生学习成就的特点

“实践与综合应用”主要应关注的是学生参与的态度和在活动中表现出来的思维水平、思维策略，通过评价使学生及时了解自己的优势和需要进一步努力的方向，为

每一位学生提供体验成功的机会。一般说来，对学生实践与综合应用活动的评价要强调过程性评价。在评价学生时，可以让学生开展自评和互评，而不应该仅仅局限于教师对学生的评价。评价的内容包括：①能否主动运用数学知识描述并解决实际问题；②是否善于运用多种方法；③对结果有无反思的习惯；④是否积极参与讨论与表达。要注意不要把实践与综合应用的内容作为书面考试的内容，而要更多地关注平时的考查。

第五章　小学数学教学评价

第一节　小学数学教学评价的含义与功能

一、教学评价的含义

教学评价就是根据一定的教育价值观和教学目标，运用可操作的科学手段，通过系统地搜集信息、资料及对信息资料进行分析、整理，对教学活动、教学过程和教学结果进行价值判断的过程。小学数学教学评价涉及小学数学教学的各个方面，如：教学目标、课程内容、教学过程、教学方法、教学手段、教学效果、教学模式、教师的教学质量和学生的学习水平等。

二、教学评价的功能

一般而言，课程与教学评价主要有六种功能：导向功能、鉴定功能、改进功能、调控功能、激励功能以及管理功能。

（一）导向功能

教学评价具有指引航向的作用。评价目标及指标体系可以为教学活动指明方向，为教师和学生指明教与学的奋斗目标。在课程与教学评价中，对人和被评价对象所做的价值判断都是根据一定的评价目标和评价标准进行的。因此，有什么样的评价内容，被评价对象就会注重相应方面的工作；有什么样的评价标准，被评价对象就会向那个方向努力。

在评价教师课堂教学时，学生参与教学活动的量是其标准之一，这一标准将引导教师在教学中调动学生积极参与教学活动，动脑、动口、动笔、动手，充分体现学生是教学活动中的主体。

（二）鉴定功能

鉴定功能是指认定和判断评价对象的合格程度、优劣程度、水平高低等实际价值的功效和能力。它主要表现在以下两个方面：一是用于配置和决策，如通过对学生德、智、体、美等方面的评价，来鉴定学生的发展水平，以便合理制订课程与教学方案，实行因材施教；二是进行认可鉴定，具体地说就是对学生某一阶段的学习或者对教师的教学进行认可性的评定。

（三）改进功能

教学评价的目的并不在于评价自身，而在于改进教学工作。因为，教学目的的全部实现，都是建立在不断总结，不断评价，不断改进的过程中的。评价本身具有促进评价对象为实现理想目标不断改进和完善行动的功效和能力。改进功能主要是运用“反馈原理”，通过评价及时获得教育过程中及教育结果的信息，及时强化正确的、有利于教育目标实现的教育行为，及时调节和矫正不良的、不利于教育目标实现的教育行为，从而控制课程和教学工作的过程，促使其不断地完善和优化。

（四）调控功能

调控功能是指对评价对象的教学或学习等活动进行调节和控制的功效和能力。通过评价，可以获得有关教学活动满足社会需要的程度的信息，并将这个信息反馈，用以改善和调节课程与教学目标、课程与教材、教师的教与学生的学等过程，这就是课程与教学评价的调控功能。它主要包括两个方面：一是如果认为被评价者已经达到目标，并能达到更高目标时，就会将目标调高，将进程相对调快；如果认为被评价者几乎没有可能达到目标时，就会将目标调低，将进程相对调慢，使其符合被评价者的实际。二是被评价者通过评价了解自己的长短处及功过情况，明确自己的努力方向和改进措施，以实现自我调节。

（五）激励功能

激励就是激发人的动机，改进人的行为，激发人们向更高的目标发展。激励是每个人的心理需求和生理需求，有了激励，人的心理和生理就得到满足，就调动了积极性。激励的方式可以是书面的，也可以是口头的；可以是一句鼓励的话，也可以是一个赞许的表情或动作；可以是郑重颁奖，也可以是随机点评；可以在课内进行鼓励，也可以在课外进行鼓励。重要的是要表达赞扬，或者理解，或者尊重，或者体贴的情感，同时使被激励者感受到传达的情感信息，得到满足，进而产生奋进的动力，向更高目标努力。

（六）管理功能

教学评价的科学性、合理性，反映出学校教学的质量管理水准的高低，关系到学校的生存与发展，同时，教学评价也是各级教育行政机构以及学校自身加强教育、教学管理的主要手段。评价目标和指标体系等本身就是一种极好的目标管理。因此，教学评价有着比行政管理、经验管理更重大的意义。只要明确了教学评价的原则，制定好教学评价的具体目标、具体内容、具体方法，就可以把它作为学校管理的策略之一，并通过阶段性的定时评价反馈信息，积极反思教学管理的成败，修订教学评价措施，促进教学水平以及教学管理水平的提高。

第二节　小学数学教学评价的类型与步骤

一、小学数学教学评价的类型

教学评价的分类有许多不同的依据，由于评价的目的和标准不同，对评价的分类就不同。

（一）以主体为依据的分类

以评价主体为依据，可将教学评价分为他评价与自评价

1. 他评价

他评价是指作为非评价对象中的其他主体对评价对象的评价。他评价可以作为一面镜子，从外部反映评价对象的客观情况。从这个意义上说，他评价是教学评价的最主要方面。

2. 自评价

自评价是指评价对象作为评价主体对自我进行的评价。自我评价的过程有时是内隐性的，它通过思想内部的“反省”“自查”“检讨”“总结”“自判”等方式来进行。由于评价结果与被评者的荣誉或利益息息相关，加上一些人有不诚实的思想因素，因而自评结果往往不如他评结果可靠。然而，对于某些隐性的评价内容，他评价往往

难以发现，只有自评价才能反映出来，因此自评价可以弥补他评价的某些局限性。经常进行自我评价活动，可培养评价对象自我判断和自我发现的能力。此外，自评价还有利于促进评价对象进行自我教育和自我完善。

（二）以评价标准为依据的分类

依据评价标准的不同，可将教学评价分为相对评价、绝对评价与个体内差异评价。

1. 相对评价

相对评价是一种依据评价对象的集合来确定评价标准，然后利用这个标准来评定每个评价对象在集合中的相对位置的评价类型。它的基本特点是：由评价对象组成的群体的整体状况，决定着每个群体成员的相对水平。标准源于该群体，也只适用于该群体，标准依群体变化而变化。相对评价的标准常常以群体的平均水平为基点。

相对评价是以某一类评价对象群体的整体状况为参照系的，无论这个群体的状况如何，都可以在群体内部进行比较，它有利于教师了解学生之间的差异，具有一定的客观性，尤其适合于以选拔为宗旨的教学评价活动。

2. 绝对评价

绝对评价是一种在评价对象群体之外，预定一个客观的或理想的标准，并运用这个固定的标准去评价每个对象的评价类型。评价时只考虑被评价对象与评价标准的关系，而不考虑学生彼此之间的关系，评价结果的好坏，只与对象自身的水平相关，而和其所处的群体无关。绝对评价是一种在教学实践中得到广泛应用的评价类型。这里所指的客观的或理想的标准主要是《标准》中所提出的教学目标。

绝对评价具有标准比较客观的特色，只要评价过程是科学合理的，那么绝对评价的结果就可在很大程度上表现出评价对象掌握客观标准要求的水平。在实际工作中，确保评价标准的稳定性、客观性和准确性，是提高绝对评价科学化水平的关键。

3. 个体内差异评价

个体内差异评价是一种以评价对象个体的自身状况作为参照系的评价。它有两种方法：一种是把评价对象的过去与现在进行比较。

个体内差异评价照顾到了评价对象的个体差异，不会给评价对象形成竞争压力，有利于评价者综合地、动态地考查评价对象的发展变化。因而，在教学实践中，它常作为改变差生、促进教师教学的措施被使用。但它也有局限性：由于不存在客观标准，又没有外部比较，很难确定评价对象的真实水平，提供的有效反馈信息也比较有限。一般来说个体差异评价要与相对评价等评价形式结合起来使用，才能取得比较好的效果。

（三）以评价作用为依据的分类

依据评价所起的主要作用的不同，教学评价可以分为诊断性评价、形成性评价与终结性评价

1. 诊断性评价

诊断性评价又称准备性评价，是在教育活动开始之前或教育活动进行之中对学生的学习准备情况或特殊困难进行的评价。诊断性评价旨在促进学习，为知识欠缺或准备不足的学生设计一种可以排除学习障碍的教学方案，为那些已经掌握了一部分或全部教材内容的学生设计一些发挥其长处并防止厌烦和自满情绪的学习方案，以便“因材施教”。诊断性评价的实施时间一般在课程、学期、学年开始或教学过程中需要的时候。它涉及的主要内容有：教学所面临的问题；学生前一阶段学习中知识储备的数量和质量；学生的性格特征、学习风格、能力倾向及对数学学科的态度；学生的学习动机和已经形成的学习习惯；学生的身体状况、家庭教育和环境影响等。

2. 形成性评价

形成性评价也叫过程评价，是在课程研制、教学过程和学习过程中对课程编制、教师的教学和学生学习的动态状况进行的系统性评价，目的是及时了解活动进程的效果，及时反馈信息，以便及时修正，及时调节，及时强化。这种评价的结果，主要用于改进工作，不注重区分等级。

形成性评价的宗旨主要在于为教学提供频繁而及时的反馈，从而帮助课程工作者改进课程、帮助教师改进教学、帮助学生改进学习，并且它不与课程质量、教学质量和学习成绩挂钩。这是它和终结性评价的一个重要区别。此外，频率高、一次涉及的内容分量少、测试的概括性水平低、常常伴随着各项改正程序，这也是形成性评价与终结性评价的区别所在。

3. 终结性评价

终结性评价也叫结果性评价，是在教学活动告一段落时，为了解并确定其成果而进行的评价。终结性评价有三个基本特点：①在目标上，它是对某个数学教学活动或某个知识板块上所取得的成绩进行全面的评定，并给学生评定成绩；②在内容分量上，它着眼于学生对阶段性数学内容的掌握，常常分量大而频率低；③在测试内容的概括性上，它的概括水平较高，题目多为知识、技能、能力等多种因素的综合体。因而，概括地说，终结性评价乃是在阶段学习或某个重要知识部分的学习之后进行的旨在评价学生是否已达到教学目标要求的概括性水平较高的测试和成绩评定。

二、小学数学教学评价的步骤

小学数学教学评价是一个系统工程，是一项技术性很强的工作，也是一个有序的活动过程。因此，评价有其科学的实施程序，只有按照一定的操作程序进行，才能保证教学评价的质量。小学数学学科教学评价通常可按照以下步骤实施：

（一）制定评价标准，建立教学评价指标体系

制定评价标准，就是确定小学数学教学价值判断的尺度和准绳。《标准》是实施小学数学教学的法定性文件，它是国家（或部分地方）制定的某一学段之后学生学习结果的共同的、统一的基本要求。评价目标尽可能采用的是可理解的、可达到的、可评估的行为动词进行描述。整个小学数学课程目标分成总体目标、学段目标和内容标准几个部分。内容标准的四个领域在不同的年段都有比较具体的要求。因此，教师们对数学课程标准的每一条要求都应该有一个非常准确的理解和把握，才能正确实施教学评价。

（二）选择评价手段，搜集评价的相关信息资料

实施教学评价必须掌握翔实的信息资料。资料获得越丰富、越全面、越真实，评价的可信度就越高。所以，为实施评价而搜集资料是非常必要和重要的。这些资料包括由实验、测验而得到的量化资料；也包括由观察、记录而得到的非量化资料。资料信息采集和结果评价的方法和手段有问卷法、观察法、听课、座谈、测试（口头、操作、书面测试）等形式。同时可以根据时间、地点和评价的需要选择适当的评价辅助工具，比如，观察表、录音录像设备、评价量表等。

（三）处理评价资料，做出评价结论

在掌握评价资料的基础上，整理和分析被评价者达到评价标准的状况，进而做出定性或定量的评价结论。这是评价过程的中心环节，它一方面是评价标准、评价方法和手段的具体化，另一方面又是评价结果信息获得的主要途径。这一阶段主要需要完成整理评价资料、量化评价信息、分析评价信息、撰写评价报告等任务。

（四）反馈评价结果，发挥评价功能

评价结果的反馈包括两个方面，一方面是反馈给所有的评价者，这样便于评价者对评价过程进行反思，包括对评价标准进行检验与修改，对评价实施过程的结果进行信度、效度检验，对问题和误差进行校正；一方面是通过适当的时机向被评价者反馈

评价结果，在此基础上，评价者和被评价者共同总结经验、发现典型、诊断问题，从而激励不同水平的评价对象，充分发挥教学评价的功能。

第三节　小学数学学习评价

小学数学学习评价是小学数学教学评价的重要组成部分，它贯穿于整个数学教学活动之中。客观的、真实的数学学习评价是提高小学数学教学质量必不可少的一项工作。

一、小学数学学习评价的含义

数学学习评价是指有计划、有目的地收集有关学生在掌握数学知识、使用数学知识的能力和对数学的情感、态度、价值观等方面的证据，并根据这些证据对学生的数学学习状况做出结论的过程。从学习评价的定义中可以看出，学习评价首先是一个有计划、有目的的过程。《标准》指出：评价的主要目的是全面了解学生的数学学习历程，激励学生进行数学学习和改进教师的教学。

二、小学数学学习评价的功能

数学学习评价的功能全面考查学生的学习状况，鼓励学生的学习热情，促进学生的全面发展。教师通过形式多样的全面评价，获得多源的反馈信息来积极改进教学，促进师生共同发展。

三、小学数学学习评价的基本理念

《标准》要求对学生数学学习的评价，既要关注学生对知识与技能的理解和掌握，更要关注他们情感与态度的形成和发展；既要关注学生数学学习的结果，更要关注他们在学习过程中的变化和发展。评价的手段和形式应多样化，应以过程评价为主。对评价结果的描述，应采用鼓励性语言，发挥评价的激励作用。评价要关注学生的个性差异，保护学生的自尊心和自信心。教师要善于利用评价所提供的大量信息，适时调整和改善教学过程。对于课程标准提出的评价理念可以从以下几个方面来理解。

（一）评价目标多维度

以往的评价更多的是关注学生的学业成就，特别是以知识技能评价为主要内容，忽视对数学思考、解决问题、情感与态度的评价。而在知识的测验中又主要集中评价学生是否能记住数学概念的定义，计算的速度与准确性，是否能解答应用题，却较少评价学生是否真正理解概念，解题策略是否多样。在对数学技能掌握的评价方面也很少评价学生是否理解了隐含在技能应用中各概念之间复杂的关系，更少评价在数学思考过程中看不见的解题策略的使用情况。新课程的评价理念强调全面考查学生的学习状况，因此，针对学生数学学习的评价目标，至少应该包括以下几个方面：

（1）反映学生数学学习的成就和进步，激励学生进行数学学习。

（2）诊断学生在学习中存在的困难，及时调整和改善教学过程。

（3）全面了解学生学习数学的历程，帮助学生认识自己在解题策略、思维方法或学习习惯上的长处和不足。

（4）使学生形成正确的学习预期，形成对数学的积极态度、情感和价值观，帮助学生认识自我，树立信心。

（二）评价内容全面化

《标准》确定了数学课程的总体目标，对义务教育阶段学生的数学素养提出了四个方面的具体要求，包括知识与技能、数学思考、解决问题、情感与态度，评价的具体内容应围绕这些方面展开，形成多维度、全面的评价内容体系。知识技能的评价，包括对数与代数、空间与图形、统计与概率等几个领域的知识、过程、技能与方法的评价；数学思考的评价，包括对抽象思维能力、形象思维能力、数感与空间感、统计观念和推理能力等方面的评价；解决问题的评价，包括对提出问题的意识和能力、解决问题的策略、创新和实践能力以及合作与交流方法等的评价；情感态度的评价，包括对学生参与学习活动情况、学习的习惯与态度以及学习兴趣与自信心等方面的评价。

（三）评价方法多样化

评价中应当针对不同学生的特点和具体学习内容的特征，选用恰当有效的评价方法。主要的评价方法有课堂观察、作业分析、访谈法、问卷法、数学日记、数学调查、数学实验、数学小论文、成长记录袋、情境性评价、测试法等。对学生知识技能掌握情况的评价，应当将定量评价和定性评价相结合，结果评价与过程评价相结合；对数学思考和解决问题方面的评价，更多地应该在学生学习和解决实际问题的过程中进行表现性评价；对情感态度方面的评价主要通过教学过程中学生参与和投入的情况来考查。不同的评价方法在评价过程中起着不同的作用，不能希望用一种评价方法解决所有问题。

四、对小学数学不同学习领域的评价

（一）恰当评价学生对基础知识和基本技能的掌握和理解

《标准》用“恰当”两字来概括地说明评价学生的基础知识和基本技能的程度。所谓恰当评价学生对数学基础知识和基本技能的理解与掌握，就是要以每一学段的知识与技能目标为基础，将学段目标作为学段结束时学生应达到的水平来评价。学段目标不是学习某一部分内容之后每一个学生都应该立即达成的目标，应允许一部分学生经过一段时间的努力，随着知识与技能的积累逐步达到。对学生计算的要求，并不是在学完相应的内容后所有学生都应马上达到，而是在本学段结束时应达到的目标，评价时应注意把握尺度。

（二）对数学基本技能的评价

学生在学校学习的大量数学知识都含有技能的特征。新课程强调，对技能的评价不只是考查学生技能的熟练程度，还要考查学生对相关概念的理解与掌握，以及不同的解题策略。因此，对技能的评价既要考查学生实际执行这些技能的情况，又要考查学生是否能够正确思考在什么情况下应该使用哪个规则。比如关于运算技能，我们可以考查学生在面对具体问题时：①是否首先迅速判断它是否需要运算；②判断是需要估算还是精确运算；③确定采用什么方法进行运算，口算、笔算、计算器、计算机和估算都是供学生选择的方式，都可以起到算出结果的目的。如果一个学生能在具体情境的要求下正确地进行这一系列活动，我们就说这个学生的计算技能比较强。

（三）对数学学习过程与方法的评价

学生的数学学习必须建立在对数学有所认识的基础上，而不仅仅是掌握一些概念和技能，它包括调查和推理的方法，交流的手段以及对数学知识来龙去脉的理解。也就是说，学生在数学学习过程中需要经历探索、推测或猜想以及有效的推理去解决有关的数学问题。显然我们很难在一道题里或在一天中观察到所有的数学学习过程和方法，但是我们可以针对一些具体的数学学习过程和方法从以下三个方面单独地进行测量和观察：

1. 对发现问题和解决问题能力的考查

单从答案是否正确是很难对学生解决问题能力加以正确评价的，我们可以在解决问题的过程中考查学生发现问题和解决问题的能力。第一学段的要求是：能否在教师指导下，从日常生活中发现并提出简单的数学问题；能否选择适当的方法解决问题；是否愿意与同伴合作解决问题；能否表达解决问题的大致过程和结果。第二学段的要求是：能否从现实生活中发现和提出数学问题；能否探索出解决问题的有效方法，并试图寻找其他方法；能否与他人合作；能否表达解决问题的过程，并尝试解释所得结果；是否具有回顾与分析解决问题过程的意识。

2. 对简单推理能力的考查

《标准》对推理能力的主要表达有以下阐述："能通过观察、实验、归纳、类比等获得数学猜想，并进一步寻求证据、给出证明或举出反例""能清晰、有条理地表达自己的思考过程，做到言之有理、落笔有据""在与他人交流的过程中，能运用数学语言合乎逻辑地进行讨论和质疑"。第一学段主要考查学生是否能在教师的指导下，初步学会选择有用的信息并将信息进行简单的归纳与类比。在解决问题的过程中，是否能够进行简单的、有条理的思考。第二学段主要考查学生能否根据解决问题的需要，搜集有用的信息，进行归纳、类比与猜测，是否具有初步的合情推理能力。在解决问题的过程中，能否进行有条理的思考，能否对结论的合理性做出有说服力的说明。

3. 对数学交流的考查

数学教学过程伴随着数学交流。数学交流的知识形态表现在：①数学思想的表达，即把自己的思想以某种形式（直观的或非直观的、口头的或书面的、普通语言或数学语言）表达出来。②数学思想的接受，即以某种方式（如听、看、读、做）接受来自他人的思想。③数学思想载体的转换，即把思想由一种表达方式转换成另一种表达方式。

（四）学生数学情感、态度和价值观的评价

学生对数学的情感、态度和价值观具体表现在以下几个各方面：

（1）具有运用数学解决问题、交流观点和推理的信心。

（2）具有探索数学观念的灵活性，愿意尝试各种解决问题的方法。

（3）面对富有挑战的数学任务时有坚持不懈的愿望。

（4）对从事数学活动具有好奇心、探索欲，并具有一定的创造性。

（5）具有调节和反思自己思维过程和行为的意识，对于不懂的地方或不同的观点敢于提出质疑。

（6）形成实事求是的态度和独立思考的习惯。

（7）体会到数学在解决来自其他领域和日常生活中的问题时的应用价值。

（8）欣赏数学在促进社会进步和文化发展中的作用以及作为工具和语言的价值。

显然，对学生这些方面的表现很难通过试卷进行测试，我们可以通过以下一些途径进行考查：在解决问题的情境中，通过学生所表现出来的一些外显行为观察学生学习数学的信心、毅力和独创性。但是许多学生内心的心理活动，不一定通过行为外显出来，因此，观察也起不了多大的作用；于是我们还可以鼓励学生写数学日记，我们可以从学生的数学日记中获得一些信息；再有就是让学生谈谈自己在学习数学时的一些感受。

第四节　小学数学课堂教学评价

一、什么是课堂教学评价

所谓课堂教学评价，简而言之，是指评价者按照一定的价值标准（如新课程理念等），对课堂教学所涉及的众多因素以及它们的发展变化所产生的作用和效果进行的一种价值判断或衡量的过程。新课程的实施，必将导致新的课堂评价理念、评价目标、评价手段和评价结果等方面的不断变化，必将冲击旧的评价观点、评价方法以及评价结果的表现和运用形式。因此，我们必须重视对新的数学课堂教学评价的研究，本着新的课程改革思想和方法，提出恰当的新的课堂教学评价实施建议。

二、新课程背景下小学数学课堂教学评价应该关注的内容

《基础教育课程改革纲要》指出："国家课程标准是教材编写、教学、评估和考试命题的依据，是国家管理和评价课程的基础。应体现国家对不同阶段的学生在知识与技能、过程与方法、情感态度与价值观等方面的基本要求，规定各门课程的性质、目标、内容框架，提出教学和评价建议。"所以，我们的新课程数学课堂教学评价必须根据这一精神，恰当确定数学课堂教学评价的基本内容。

（一）关注学生学习的情绪情感的变化过程

新课程改革强调了情感态度与价值观方面的要求。情感态度与价值观在具体教学评价过程中，必须突出几个关注重点，用以考查本课堂情感教育的基本情况。

（1）活动环境的创设。数学学习活动的环境是否符合本课堂学习目标和学习内容的需要；是否营造出一个平等、民主、和谐的学习氛围；是否有利于教师与学生、学生与学生的情绪体验和情感交流。活动中，教师是否鼓励学生发现问题、提出问题和解决问题，学生是否敢于大胆质疑、积极尝试、勇于探索、乐于交流和团结协作。

（2）学习热情的调动。在整个数学学习活动中，教师是否时时注意激发学生的学习兴趣，培养他们顽强的学习意志，使其形成持久的学习热情；能否充分地调动学生的学习积极性，使全体学生都能够主动、有效地投入到数学学习活动之中；是否让学生对数学学习保持好奇心与求知欲。

（3）自我意识的建立。在有限的数学学习活动中，教师能否让不同程度的学生在数学学习活动中获得成功的体验，能否让学生感到自己在数学学习活动中的主人翁精神，意识到学习的责任和义务，并且在数学学习过程中建立能够学好数学的自信。

（二）关注知识技能的形成过程

作为基础教育的重头戏，人们自然不会忽视知识技能的重要性。在具体实施新课程教学评价过程中，必须关注如下几点，才能真正考查出知识技能形成的基本情况。

（1）过程方法的体现。在数学课堂教学活动实施过程中，教师能否创造有利条件使学生有效地经历数学知识的形成过程，获得必要的基础知识与基本技能；是否在组织学生学习知识、训练技能的同时又学习和总结认识事物、解决问题的方法；是否及时引导学生表达和展示自己的学习成果，发展实践能力与创新意识。

（2）学习方式的运用。在有限的数学学习活动中，教师能否根据具体的教学内容，引导学生开展有效的学习，能否选择教与学的合理方式完成教学活动任务，是否体现动手实践、自主探索、合作交流等新课程倡导的学习方式。

（3）数学思维的发展。在教学设计和教学实施的过程中，教师能否有意识地发展学生的形象思维和抽象思维能力、空间观念和统计观念、推理能力和辩证思维能力、演绎推理能力和反思意识等。

（4）策略意识的培养。教师能否有效地组织学生初步体会从数学的角度提出问题、理解问题，并能综合运用所学的知识和技能解决简单的实际问题，进而发展应用意识；能否使学生形成和掌握解决问题的一些基本策略，体验解决问题策略的多样性。

（三）关注群体力量与个体差异

我们知道，数学课堂活动是一个师生互动、生生互动、共同发展的过程。教师应当能够根据数学问题情境的特点，合理组织教学。有些问题需要学生独立解决；有些问题需要在学生独立思考的基础上，组织学生进行小组合作交流；有些问题需要通过小组合作共同完成。因此，我们必须做到充分发挥集体的作用，因材施教，突出特色，发展特长。

在数学课堂活动中，教师应该全程关注每一个学生，使每一个学生都能获得必需的数学知识，使不同的学生在数学上有着不同的发展；应该提供必要的学习资源满足每一个学生的学习需要，使每一个学生都能达到数学课程标准提出的基本要求。尊重差异。学生由于先天禀赋、社会环境、家庭情况和身体状况的不同，必定存在着多种差异。

教师应该本着人本主义的思想，关怀每一个学生，尊重每一个学生的个性特征，允许不同的学生从不同的角度认识问题，采用不同的方式学习和训练，表达自己的想法，用不同的知识与方法解决问题；特别是要对学习有困难的学生给予切实的帮助。

三、小学数学课堂教学评价的要素

（一）教学目标

课堂教学目标能否实现在评价课堂教学质量高低方面，具有非常重要的作用。新的数学课堂教学目标应体现以人的发展为本的基本思想。

（1）应将学生作为认识、发展的主体，注重学生情感、态度、价值观的养成。

（2）注重学生创新精神和实践能力、积极的自我体验和主动自我调控能力、与人交往和合作能力的培养。

（3）注重学生基础知识和基本技能的掌握。

（4）现代课堂教学目标应具体、明确、有层次性和可操作性，并能反映不同领域知识的不同特色。

（二）教学准备和环境创设

课堂学习环境的创设和教师对教学的准备是课堂教学质量的重要保证。

（1）学习环境的创设应能激发学生进一步学习的兴趣，启发学生思考，鼓励学生创新。

（2）教师应正确理解和创造性地使用教材。教学内容的选择应具有时代性、基础性和综合性，体现科学性与人文性。

（3）应恰当地运用现代教育技术，合理利用教学资源进行课堂教学。

（三）教学流程

现代课堂教学应该是以学生为主体的课堂教学，通过学生的主动学习来促进学生的发展。因此，课堂教学策略与方法应体现这一特点。

（1）教师应引导学生主动积极参与课堂教学。教师应为每个学生提供主动参与的时间和空间，为学生提供自我表现的机会，从而拓展其发展的空间。学生应全程参与、全面参与、全员参与，并且能采用多种方式参与课堂教学。

（2）教师应通过师生互动和生生互动，促进相互间的充分交往和情感交流，鼓励学生采取合作学习的方式，培养学生学会“倾听、交流、协作、分享”的合作意识和交往技能。教师应创设多样、丰富的交往形式，有意识地为学生提供一个自由、平等、民主、和谐的课堂教学氛围和情境。

（3）教师应创设有利于学生探究问题和活动的情境，从而培养学生的创新精神和实践能力。教师在课堂教学活动中，通过设计问题的新颖性、提出问题的语言和教学语言的启发性，鼓励学生积极发表自己的见解，质疑问难，抓住学生思考问题的关键以及启发学生创造性思维等方面来培养学生的创新精神，促使学生形成自己独特的创造力。

（四）教学效果

课堂教学评价的一个极为重要的依据就是教学效果的检查。可以从三个方面来体现：

（1）能达到预期的教学目标，能够激发学生的学习兴趣，促进学生知识结构的形成和基本能力的发展。

（2）通过知情交融的活动方式，促使学生自主性、主动性的发挥和社会性的形成。

（3）让学生获得成功的心理体验，感受生活的乐趣，体验创造和成功的喜悦。当然，我们认为数学课堂教学评价的要素不应面面俱到，并不是上述内容必须体现在每一堂课当中。课堂教学评价还应该考虑面向不同层次的问题。

第六章　小学数学课堂教学改革的思考与探索

第一节　小学数学课堂师生互动策略

随着新课程改革的实施，小学的教学质量日益提升，师生之间的交往和互动是教育中的重要环节。教师通过课堂这个舞台，以数学知识作为媒介和学生进行沟通和交流，使数学课堂的教学活动变得精彩，进而了解学生的学习状况和学习质量。小学数学教育应该注重师生互动，互动论原本是当代社会学的一种重要理论，被借用到教学领域中来，便有了师生互动教学策略。什么是“师生互动”？有人认为在课堂中，师生保持“零距离接触”，学生回答教师的问题、做教师要求做的事，只要有这种共同活动就是师生互动。显然，这种认识是肤浅的，这将使师生互动流于形式。正确认识师生互动的内在含义才能科学地指导教师在课堂教学中实施师生互动。

一、小学数学师生互动现状

新课程实施以来，师生互动不仅在课堂教学实践中日益受到关注和重视，也在基础教育研究中成为一个探讨的热点话题。但是现今数学课堂中，师生互动存在着过于注重形式化、互动内容狭窄、学生受教机会不均等等问题。小学数学是一门基础的使用学科，小学数学教学过程由于缺少师生之间的交流和互动，导致课堂教学出现死板、不活泼的现象。现在，师生互动还处于老师提出问题，点名进行回答，或者教师板书，学生死记硬背的模式，大大降低了学生对学习的兴趣。教师的提问作用发挥太小，有些问题得不到学生的配合，经常答非所问或者无人回答，造成课堂冷场。实际的互动过程中，教师并不能调动学生研究知识的积极性，也不能了解学生的学习进度，盲目地与优等生进行教学互动，忽视了其他学生的学习进度，经常发生以偏概全的现象，导致教师在教学过程中盲目地追求优等生，罔顾学生的感受，教学效果较差。

二、师生互动对于小学数学教学课堂的意义

师生关系的好坏直接影响教育结果，而且还对教学效果起到制约作用。那种“独白式”的教育教学与教师权威的讲解都不可能产生有效的互动模式，良好的心理环境和宽松的外部条件才能为师生互动创造良好条件。良好的师生关系是现在人际关系的重要组成部分，它直接影响学生自主学习的积极性和课堂的教学效果。课堂教学中，教师的角色要淡化，要和学生成为朋友一起学习，努力建立平等、和谐、民主的师生关系，从而引导学生学习的自主性。因此，建立生态课堂“对话式”教育是师生有效互动的基础，建立良好的师生关系，对学生的学习和教师的教学至关重要。教师应该支持课堂师生之间和学生之间的互动，在整个数学学习中，教师作为组织者负责整个教学，为学生提供一个“想说就说”的机会，让学生保持一种轻松的学习状态。互动中，每个学生之间的交流机会都是平等的，教师支持和鼓励学生找到适合自己的学习方法，有利于小学生的健康心理发展，更有利于培养和提高他们的交往能力和合作精神。教师应该正确引导学生养成良好的倾听习惯，并且在师生之间和学生之间建立相互的尊重和彼此的信任。

三、师生互动的特点

（一）自主性师生互动

自主性师生互动可以使学生最大限度地参与教学的全过程，保证了学生在学习中的主体作用。他们在课堂中充分发表意见，大胆质疑，求异创新，有 个自主学习、自主发展的机会，有利于个性发展。课堂教学成了学生成果的展现，学生受到极大鼓舞，他们的创造力被进一步开发出来。

（二）综合性师生互动

综合性师生互动在课堂教学中有着非常重要的意义，而且师生互动的综合性也体现在课堂教学的多个方面，包括知识综合、能力综合、活动的综合等。

（1）知识综合：师生互动不但要求学生具备学科知识，还要具备如何质疑、如何观察、如何调查、如何社交等方面的知识。

（2）能力综合：不但要具有一般的学习能力，还要具有获取信息的能力、研究问题的能力、归纳信息的能力。

（3）活动的综合：不但有师生的教学活动，还有个体活动、群体活动、理论探

讨活动、实践调查活动、经验积累活动、开拓创新活动等综合性的活动。

（三）研究探索性师生互动

研究探索性师生互动教学策略对传统的教学方式进行了重大的改革，师生共同建立起平等、民主、教学相长的教学过程，教师成了课堂的组织者和发动者，教学的重心不再仅仅放在传授知识上，而是放在注重培养学生独立思考、自主学习的能力上，放在有效地提高学生分析、解决实际问题的能力上。学生在课堂上也不再仅仅放在获取知识上，而是转到学会学习、掌握学习方法上，从被动的接受式学习转向主动的探索学习，在学习中联系实际，通过亲身体验，去感受、理解知识的产生和发展的过程，积累和丰富直接经验，从而培养创新精神、实践教学方法课程教育研究能力和终身学习的能力。

四、构建新型师生互动模式的策略

（一）灵活组织学习材料，创设学习情境

理学研究证明：小学生正处于由具体形象思维向抽象逻辑思维转变的过渡阶段，在教学过程中就不可避免地存在着数学知识的抽象概括性与儿童思维的具体形象性之间的矛盾，这一矛盾也正是阻碍师生互动的根本所在。因此在教学中组织学习资料时，就要紧密联系学生实际，创造性地使用好教材。开发和利用各种教学资源，选择贴近学生实际生活、生动有趣的素材，并以丰富多彩、活泼形象的形式呈现于学生面前，为学生提供积极探索与合作交流的更大的空间，调动学生学习的积极性，促使学生主动参与到学习活动之中。

（二）形成自主探究的学习方法，构建数学模型

形成自主探究的学习方法，就是要在教学过程中激发学生的学习动机。促进教学诸因素之间互动交往，进而促进学生主动探究数学知识。由于学生所处的家庭背景、文化环境、自身思维方式的不同，他们的学习活动也是一个生动活泼、主动而富有个性的过程，只有形成自主探究与合作学习的能力，才能有效地促进学习过程中多方面的交流、交换、交往，以及相互活动、相互作用、相互促进，达到有效学习的目的。

（三）优化教学结构，形成良好心理准备

教学结构就是在教学过程中，教师通过有计划、有目的、有步骤的组织，促进教

学内部诸因素间形成比较稳定的联系，进而产生积极的整体效应。教学结构的优化，不仅决定着教学环节能否自然流畅，时刻体现学生现时需要，也决定着教学诸因素的交往是否协调发展，是促进互动交往的关键。

教学结构优化包括教师、学生、教材、多媒体之间的横向组织结构的优化，也包括激活学生内部动力，引导学生参与学习活动的纵向结构的优化。优化横向结构就是要在教学活动的全部环节，充分发挥教师、学生、多媒体间优化组合的整体效应，把整体教学、小组学习、个体学习及个别指导等方面有机组合，恰当协调，以保证每个学生获得更多的学习机会，掌握最适合于他的学习方法，最终达到不同水平的学生都能得到最大的进步。优化纵向结构就是要在教学活动中，从学生原有基础知识和智能水平出发，根据学生的实际需要对教学过程进行调控，把抽象的、形式化的数学建立在学生生动、丰富的生活背景之上，使学生从知识、情感、态度等方面形成积极的心理准备。及时洞察学生心理和遇到的困难，加以指导，积极鼓励。尽可能地提高学生参与学习活动的机会，调动学生思维积极性，提高学生探究能力，保证教学活动的最优化。

第二节 小学数学课堂练习设计的创新

小学数学课堂练习是一次创新性改革，目的是为了提高学生的学习兴趣，激发他们的创新意识，构建属于自己的知识框架。小学是培养学生良好学习习惯的黄金时期，课堂练习可以帮助学生更加积极主动地吸收数学知识，这也是引导学生自主思考的有效途径。但是大部分小学数学教师无法在课堂上引导学生进行练习，教学过程也缺乏相应手段，以致使课题内容空泛。如何进行小学数学课堂练习是一个难题，也是值得广大教师深思的问题。

一、传统小学数学课堂练习中存在的问题

九年义务教育小学数学教学大纲明确指出：“学生掌握知识有一个过程，要在初步理解的基础上，通过必要的练习来加深理解，逐步掌握。”这说明练习是学生掌握知识和形成技能不可缺少的认识过程，应该引起教学的重视。可是，目前的小学数学课堂练习中仍存在许多问题。

（一）练习课的课节不足

调查中发现，许多教学单元的课时安排不能按照大纲的要求完成，尤其是练习课，课节不足的约占30%左右。

（二）备课不认真

有些教师认为新授课已做过一些练习，只要把“练习”里剩下的内容做完就可以了，所以不写教案，不搞有针对性的练习设计，只让学生在课后做完剩下的练习题。这样，虽然“练习”里的习题都做了，但不同程度的学生不一定都能得到提高。特别是“差等生”，存在的问题只好在课后“补课”，既增加师生负担，又达不到预期的目的。

（三）信息反馈不及时

教学中，有些教师只让学生做练习，却忽视通过观察和批改作业去及时发现和解决学生练习中存在的问题。结果使学生已有的知识成为下节新授课的“拦路虎”，逐步形成了某些学生学习上的恶性循环。

二、传统小学数学课堂练习问题的应对

（一）认真备课，精心设计练习作业

（1）针对重点和难点，精心设计专题练习。如除数是小数的除法，重点和难点是小数点的处理。讲完基本法则之后应设计练习，通过练习，教师针对学生出现的错误，再启发学生自己进一步理解法则，从而收到事半功倍的效果。

（2）针对学生混淆不清的实际，精心设计对比练习。有些“形似实异”的应用题，学生往往不认真审题，造成解题错误，通过对比练习，会收到明显效果。

（3）针对学生容易形成“思维定式”，设计变式练习。有些“形异实同”的问题，叙述形式稍有变化，学生往往就抓不住问题的实质。

（4）针对学生的年龄特点，设计练习题时注意练习的形式多样性和趣味性，如低年级尽量穿插学生喜闻乐见的“找朋友”“夺红旗”“戴红花”等竞技性的数学游戏。中高年级的练习题可采取“填空”“判断”和“选择正确答案”等富有思考性的题组形式。有条件的也可进行抢答形式的数学竞赛，活跃课堂练习气氛。

（二）改进教学方法，切实提高课堂练习效率

（1）充分调动学生在练习时的积极性，学生自身有无练习的主动性和积极性，

效果是截然不同的。解决这个问题主要靠教师教学过程中的思想教育和教学艺术两个方面。特别是通过每节课前的“揭示课题”，首先使学生明确练习目的要求和练习成败的利害关系。对于“差等生”在练习中取得的每一微小的进步都要随时给予表扬和鼓励，使其产生追赶先进的自信心。

（2）讲究课堂结构的科学性。练习课的基本形式是以练为主，讲练结合，即让学生独立完成一组练习作业之后，教师要及时就学生练习中暴露出的普遍性的问题做必要的讲解，然后再以同样的形式进行下一组题的练习。

（三）注意练习指导上的全面性

学生的学习存在“优中差”三种不同水平，教师应当通过不同形式，把事先设计好的不同要求的练习作业同时出示给不同程度的学生，让他们分头进行各自的练习。教师的指导重点应放在“差生”方面，同时兼顾其余两个方面。这对教师的要求是很高的，但只要有了备课上的精心设计，也是可以做到的。

三、创新课堂练习在小学数学课堂改革中的重要性

（一）引导学生兴趣的生成

课堂练习较之于课后练习来说，能够很好地调动学生的积极性，许多同学在一起完成教师布置的任务，就会形成一个良性竞争的趋势。当然教师布置的课堂任务的内容也要经过筛选，尽可能地把所学知识中的难点和重点通过一种有趣的方式，交给学生去完成。比如在学习多边形的特点这一节内容时，我们可以组织学生，借助火柴棍摆出各种心目中的几何形状，还可以组织比赛，数出教师给出的图形中，有多少个指定的多边形等。合理的教学环境的创设能够有效地调动学生学习兴趣和锻炼学生的动手能力以及独立思考的习惯。

（二）促进学生对知识的整体探究

课堂练习并不是说单纯地以学生为中心，同样可以采取师生互动的方式进行共同探究。以学生为活动的主体，整个活动围绕学生所产生的问题和假设进行探讨，老师在一旁起引导和负责调动课堂氛围的作用。

（三）改革课堂练习是教学改革的重要组成部分

如今的教育在进行大幅度的革新，一大批新奇的教学概念逐渐地进入课堂，但是

并不是说传统的教学方法就一无是处。就拿课堂练习来说，课堂教育将数学课堂变得更加丰富多彩，使学生有更多的机会去锻炼动手和动脑能力，让学生参与数学，进入数学，并不是单纯地听教师讲数学。教师更要利用多种形式的课堂提问将课堂交给学生，这样才能做到教师和学生共同学习、共同进步。小学生的学习主要靠兴趣，但是小孩子的自制力是阻碍学习的拦路虎。大多数低年级学生回家如果没有监护人进行监督引导，是很难独立完成学习任务的。因此课堂练习就成为一个很好的促使学生尽快完成学习任务的方法。课堂练习不同于课后作业，具有一定的竞争意味，可以迫使学生尽自己的努力完成相应的任务，加强了课堂内容的理解，有必要进行推广，提高学生的学习效率。

四、小学数学教学中课堂练习的特点

数学练习是学生数学学习中不可缺少的重要组成部分，强调学生对数学知识的深入巩固和基本技能的熟练掌握。随着课改的不断深入，数学练习题如何设计安排是重要的课题。既不能让学生一味地反复、机械练习，重复走老路，又不能与数学学科的核心思想渐行渐远，只顾追求新颖花式的练习；既不能用一些简单的、没有挑战性的练习让学生感到枯燥无聊，又不能设计一些表面花哨，却没有实际价值的练习。设计数学练习不能忘了数学学科本身的宗旨，是为了全体学生数学素养的全面发展。不该为了练习而练习，因为练习是对学生课堂掌握情况的检查，是对学生所学内容的巩固、提升，是对教师教学成果的反馈，争取通过练习，使学生在数学各个方面的能力和素养都得到锻炼和提高。尤其是在进行小学数学课堂练习的创新与改革时，更要抓住小学数学课堂练习的重要特点，才能有的放矢地改革和创新。

（一）小学数学课堂练习的生活性

数学源于生活，又必须回归于生活。《新课程》要求下的小学数学练习主张“生活味浓”这一接地气的特点。想要学生在枯燥的数学学习中体会到数学的乐趣和实用，应该将数学知识应用于生活中。把书本知识和生活实践紧密联系起来。生活实践是学生认知发展的不竭源泉，编写一些与生活相关的练习，学生能在这些来自实际的鲜活生动的数学案例中体会到数学的实用性，了解数学的应用价值，吸引他们投入数学学习中，从而让学生明白“数学就在我身边，身边处处有数学”。

教师要不断引导学生，启发他们随时利用身边事物，从自身角度发现数学问题，并且养成运用数学思维解决实际问题的习惯，逐步改变学生原本认为数学枯燥的想法，激发他们学习数学的热情。

（二）小学数学课堂练习的层次性

为适应小学生的认知与发展特点，课堂练习设计和编排应讲究由简到难的、由难到繁的原则，这是一个循序渐进的上升过程。课堂练习难度需要有一定的梯度，逐层递进，切不可在一个水平上，要满足不同学生的学习需要。既要有一定数量的基本练习题（巩固新知识），又要有一些综合练习题（联系新旧知识）和富有思考性、挑战性的题目（开拓学生思维）。教学新知识后，则先设置一些方便理解新知识的定向性习题，这类练习往往内容单一，方向明确，促使学生将新知识内化，然后设置深化新知识的辨疑性习题，教师要有目的地将一些既有联系又有区别的新旧知识结合起来，引导学生观察、思考、比较和判断，把两者的相同和不同区分清楚。最后设置综合性题和引申拓宽的创造性思考题。使练习题由易到难螺旋上升，具有阶梯性。

在学习过程中，学生从最简单的效仿到逐步提高，再到思维拓展，一步步降低学习难度，同时练习设计不拘泥于书本。有利于激发学生的学习兴趣，燃起学生的学习热情。开拓学生的思维，培养学生的创新意识，使学生更积极主动地学习，更好地锻炼自己的能力，更好地理解和巩固所学新知识，以实现预期的教学目标。

（三）小学数学课堂练习的趣味性

苏霍姆林斯基说：“学习兴趣是学习活动的重要动力。”只有学生感兴趣的练习，才会积极主动地探究。由兴趣到探索，由探索到成功。在成功的体验中产生新的兴趣，推动数学学习不断取得成功。因此，为了激发学生的兴趣，增强课堂的趣味性，教师除了精心设计练习内容之外，还应考虑丰富多样的练习形式，如设计判断题、填空题、选择题、应用题、匹配题等。教师也可以把课堂还给学生，让他们做学习的主人，亲自参与练习设计。

五、小学数学课堂练习创新的基本思路与设计技巧

课堂练习是小学数学课堂教学的重要组成部分，是学生学习过程中不可缺少的重要环节，是学生掌握知识，形成技能、发展智力、挖掘创新潜能的重要手段，是教师了解学生知识掌握情况的主要途径，高质量的课堂教学必须有较高的练习质量做基础。因此，课堂练习在小学数学教学中有着特殊重要的地位，必须精心设计。

（一）小学数学课堂练习创新的基本思路

新课程标准的基本理念指出：“数学教育要面向全体学生，人人学有价值的数学，人人都获得必需的数学，不同的人在数学上得到不同的发展。”随着新课改的层层深入，这种理念已渗透到教学的各个层面，也渗透到了每节课的练习中。练习是教师掌握教学情况，进行反馈调节的重要措施。如何让数学练习散发出新课程的气息，是新理念下教师们应该共同思考的问题。众多实践证明，求新、求活、求近是小学数学课堂练习进行创新设计时应该遵循的基本思路。

1. 求新

提供新鲜的东西，引起兴趣是学习的动力，当学生对学习产生兴趣时，学生的心理活动就会处于激活状态，富有满足感和愉悦感，从而积极性高涨，思维活跃，注意力集中，“我要学”的意识增强。这时，学生的被动学习将会转变为主动求知，厌学情绪将会转变为乐学欲望。因此，从学生的学习兴趣入手，创设新型的教学情境，正是“知之者，不如好之者；好之者，不如乐之者”教育思想在教学学科中的具体体现。我们要积极探索，大力倡导，在练习中也要体现一个“新”字。

2. 求活

挖掘习题本身的内在力量，保持兴趣数学教学的一个重要任务是培养学生的灵活思维能力，灵活的思维能力表现在能从不同角度，运用不同的方法，对题目进行分析推理，从而获得不同的结果。这种思维能力的培养，需要开放式的课堂结构，需要教师设计出灵活性较大的练习题。

3. 求近

揭示知识的应用价值，提高兴趣“生活味浓”是新课程背景下小学数学练习题的一个重要特点，我们应把生活实践当作学生认识发展的活水，把数学习题与生活实践紧密“链接”起来，让学生在这些来自实际的鲜活的数学事例中，感受到学习数学是有用的，是快乐的。

小学数学课本上的练习大多来源于生活，而这些生动活泼的内容一旦被列入教材，就显得抽象而呆板，如果教师能创造性地对教材内容进行还原和再创造，将数学练习融入于生活中，就可以使原有的练习为我所用。总之，新课标下数学练习的设计应是集生活内容、思想方法和语言文字于一体，反映现代技术、现代文明和现代教育观的数学教学活动的内容之一，关注的是学生在思维能力、情感态度与价值观等方面的进步和发展。可以说，数学练习的设计也体现了一种文化。可见，精心设计练习不仅能使学生扎实有效地理解和掌握中最基础的知识，形成基本的数学技能，而且能培养学生的数学应用意识和能力，给不同层次的学生创设学好数学的机会，特别是更有利于培养学生善于探索、勇于创新的精神。

（二）小学数学课堂练习创新设计的技巧

自启动新课程改革以来，小学数学教学方式的变化是多方面的。在课堂教学方面，由以往的教师为主导到现在的教与学统一化。教师尽量丰富课堂活动，让学生在快乐中学习，这些改革更多体现在授课方面，就是对小学数学课堂练习的创新，在教师们进行探索的同时，也发现了很多对小学数学课堂练习进行创新的技巧。

1. 增强小学数学练习设计的针对性

虽然小学数学教学内容相对简单，但是一些知识点对于小学生来说，理解起来仍然很困难。与其他学科相比，数学更注重的是学生的逻辑思维能力的培养，需要一定的课堂练习巩固所学的知识。一方面可以巩固学生对所学知识的掌握，另一方面为学生学习新知识做好铺垫。小学数学教学应增强课堂练习的针对性，课堂练习应结合教学中所学知识的重点、难点进行设计，让学生通过反复练习和自我体悟，真正掌握所学知识。

2. 分层次进行小学数学练习设计

由于学生对知识理解掌握的程度不同，学习成绩比较好的学生对所学知识接受得比较快，学习成绩相对较差的同学掌握起来就可能比较吃力。所以数学教学要增加练习设计的层次性，数学练习设计的难易程度应该适中，尽量适合中等水平的学生。数学练习要因材施教，增加基础性问题的设计，同时可设计一些选做的拓展题，留给成绩比较好的学生。

3. 丰富练习的形式，激发学习热情

新课程理念下，教师可根据学生作业中出现的问题进行总结归纳，专门设计一堂练习课，并采用新颖的教学模式集中解决学生的共性问题，尤其是易混淆点。由于数学练习设计的对象是小学生，设计练习时要充分考虑小学生自身的特点。大部分小学生都具有爱玩、好动、好奇的特点，采用新颖的数学练习形式可以有效地吸引小学生的注意力，寓教于乐，例如数学知识小竞赛、数学小游戏、数学谜语等。通过丰富多样的设计形式，增加练习的趣味性，加深学生对所学内容的理解，使学生轻松地学会易混淆点的区分，增强学生学习的主动性和积极性。

第三节　小学数学课堂教育多媒体技术实践探索

一、多媒体技术与小学数学教育

在信息高速膨胀的今天，通过深入开展教育教学改革，在小学数学教学中有针对性地融入多媒体信息技术，教学过程中能更生动地展示知识的发生、发展过程，使所有学生积极主动地参与到知识架构的形成过程之中，让学生有更多空间进行探索和创造，从而更好地培养学生的创新意识。同时，小学数学教学凭借多媒体的教学手段，优化了课程的教学结构，使课堂教学充满了生机与活力，这对为中国特色社会主义建设培养高素质人才，提高国民素质打下了坚实的基础。可见，多媒体信息技术与小学数学教育有着密不可分的关系，但是一种技术的兴起必有其优势和缺陷。

（一）多媒体辅助小学数学教学的优点

1. 促进学生发现知识

在新课标改革的要求下，学生的创新思维能力受到了广泛的关注，它要求学生不仅仅限于被动地接受教师传授的知识，被动地去记忆标准答案，而是要充分发挥创造性，在面对难题的时候充分发挥其创造力，经过思考之后得出自己的结论。因此，学生们需要自行地、主动地去发现知识。而多媒体辅助教学系统可以帮助学生发现知识，它通过形象生动地再现一个数学问题，引发学生主动积极地思考，从而向学生们传达如何从一个简单的问题中引申新知识的方法。学生们可以通过多媒体，对一个数学问题进行思考，从而得到猜想的结论。

2. 激发学习的积极性

很多人说，数学是一门比较枯燥乏味的学科，有太多的公式需要记忆，也有很多复杂的运算过程。因此对于学生而言，要想学好数学，就必须改变这一观念，即从根本上产生对学习数学的兴趣，做到爱上数学，真正想学数学。多媒体辅助教学系统对于丰富小学数学教学活动具有十分重要的意义，并且能够在很大程度上激发学生学习数学的积极性。首先，相比传统教学方法，多媒体辅助教学系统功能更加丰富，教师们可以借助多媒体来创造一个模拟情境，在这个情境中设置一些数学问题，并增加一些悬念之处，让学生们在这个情境中展开思考并进行猜想，从而能够做到主动积极地学习数学知识，而不是被动地接受。其次，多媒体辅助教学系统较为形象化和生动化，它可以充分运用各种图画、表格、动态设计等新颖有趣的方法，来引起学生的注意力，引发他们学习的热情，这样一来，学生们就可以主动地开展数学学习计划，在课堂中表现得更加活跃。

3. 有助于重难点有效结合

多媒体教学本身具有形象化的特征，它可以将一些枯燥的、抽象的问题具体化，从而将整个课堂变得更加生动，将教学计划中的难点和重点有效地结合起来，在潜移默化中让学生开展学习。例如二年级下册《数学》中有“图形与变换”这个问题，它需要丰富的形象思维能力和空间思维能力，是小学数学中一个重点和难点的单元，对于培养学生的几何能力具有重要意义。教师们在进行这一个问题的讲解时，可以运用多媒体辅助教学技术，为学生们现场展示图形旋转是什么样的，从而加深学生们的记忆，形成更深的印象，帮助他们学习“图形旋转”这个数学问题。

（二）多媒体辅助教学系统的缺点

1. 加大了课堂容量

与传统的教学方法相比，多媒体辅助教学系统功能繁多，它可以在很小的空间内传递很多的信息，这就无形中加大了课堂的容量，甚至是超过了学生接受数学知识的限度，无形中扩大了学生的压力。例如，很多教师在制订教学计划时，会设置总复习这一环节，在这个环节中，教师们会把所学的基本知识、重点、难点等通过多媒体来播放，这在无形中增加了课堂的容量，这些大量的课堂教学知识，会让学生接受灌输式的教育，长期下去学生将不堪重负而丧失学习数学的兴趣和热情。同时，多媒体辅助教学系统一般比较花哨，它可以通过形象的、生动的画面来帮助学生认识数学问题，也可以通过一些清晰的文字来传递信息，但是，如果这个多媒体运用得不到位，只是停留于好看的表面，就会让学生接受走马观花式的教育，甚至一些设计不合理的画面更会导致学生精神不集中的问题出现。因此，教师们需要强化自身制作多媒体幻灯片的技术，充分保证所传递的知识不超过学生的心理限度，这样才能促进学生积极主动地思考和学习。

2. 减少了师生交流

在小学数学的教学过程中，教师和学生是教学的参与者，多媒体教学系统只是教学的辅助者，因此，如果过多地使用多媒体，采用机械化的知识传递方法，会在一定程度上减少教师和学生之间的交流，这对于教学活动的开展是十分不利的。教师的讲解、引导和提问，对于学生深入学习数学知识是至关重要的，小学生的年龄比较小，需要一个良好的启蒙教师来进行引导，更需要他们为自己答疑解惑。如果教师只是通过多媒体教学系统来开展教学活动，就会忽略学生们教学后的反馈，也会减少与学生之间的情感交流。这对于激发学生学习数学的兴趣、培养学生积极主动思考问题的能力是有很大的负面影响的。同时，这也不利于教学活动效率的提高，甚至会与教学目标相距甚远。

二、多媒体方法在小学数学教学中的应用探析

随着高科技信息技术的不断推广和应用，小学数学教育中信息技术的应用范围变得越来越广，给小学数学教育与信息技术的整合提供了重要基础，对于促进我国小学数学教育不断改革有着重要影响。因此，不断促进小学数学教育与信息技术的整合，才能更好地提高小学生的素质水平，最终提高小学数学教育整体效果，是我国小学数学教育不断创新的重要保障。本文就小学数学教育与信息技术的整合进行概述，提出小学数学教育与信息技术的整合策略，以促进小学生各方面能力不断提高。

（一）利用多媒体，激发学生的兴趣

运用多媒体技术导入新课，能全方位、多角度地激发小学生的好奇心与求知欲，使他们产生学习的动机。在讲授“数字与编码”一课时，将从网络上搜集的有关编码的图片制作成一段影片，再加上效果和音乐，呈现在学生面前。这样激发了小学生的求知欲，使他们对数字与编码之间的联系充满了好奇心。这样的引入激发了学生的兴趣，使他们产生了学习动机，明确学习目的。有些学生认为学习数学是一件很枯燥的事情，对数学的认识仅仅停留于乏味的计算，对数学没有学习兴趣。数学课程标准强调数学要与自然及人类社会的密切联系，让学生了解数学的价值，增进对数学的理解和学好数学的信心；使学生具有初步的创新精神和实践能力，在情感态度和一般能力方面都能得到充分发展。我们可以借助信息技术、网络媒体，使学生从书本上学习数学知识扩展到从生活中获取相关信息。网络资源图文并茂，信息量大，获取信息便捷快速，深受学生的喜爱，如果能有效地运用网络等信息技术手段将增强学生的学习兴

趣，学生将乐于去了解数学，学习数学。

（二）在课堂教学中多媒体课件要突出重点、目的要明确

在用多媒体课件时，不一定是课件越漂亮越好、场面越壮观越好，关键在务实而且重点突出。课堂上，如果学生都把注意力放在了画面的浏览上，那对课堂上该掌握的重点就会抛之脑后了。多媒体教学在当今课堂上的作用是很重要的，但是要看老师怎样去发挥它的效率。在实际教学中不少教师对多媒体教学的目的不明确，认为在教学过程中使用了多媒体，自己的教学就先进、教学手段就现代化、学生就能学得好，这样恰恰忽略了多媒体只是教学的一种辅助手段、是为教学服务的这一特性。因此在多媒体教学中目的要明确，切忌不考虑教学实际，把课件制作得变化多端，让人眼花缭乱，使用各种声音轮番上阵，极大地影响学生的注意力和思维的延续性，这样的效果就有违多媒体使用的初衷。

课件是为教学服务的，一方面要突出儿童的特点，设计要新颖，突破难点，重点的地方要尽量让它动起来，并配以适当的声响以便提醒学生注意和帮助学生理解知识。另一方面，其他一些无关紧要的附设画面要让它静下来，不要让它扰乱学生的思路，在体现美的同时应该主次分明。另外课件制作不能贪多求全，过多应用会剥夺学生学习的主体地位。如果整节课老师都是对着课件讲，长此以往，学生的视听觉就会麻木，课件就吸引不了学生，学生缺乏学习兴趣，产生厌学情绪，课件就发挥不了它的优越性，当然就达不到预期的教学效果。课件的结构要灵活，具有一定的弹性，给教师以更多发挥的空间，充分调动教师讲课的主观能动性。切忌限制教师的思路，限制学生的思维，忽视学生的反馈和师生互动交流。

（三）有效利用多媒体培养学生的创新能力

数学是最富有创造性的学科之一，它是一门研究现实世界的空间形式和数量关系的科学，那么多媒体信息技术可以创设富有启发性的问题，激发学生的创新思维，从而提高学生的创新能力。具体说来，教师可以运用多媒体充分挖掘教材，引导学生通过自己动手操作探究，去发现问题、分析问题并进一步解决问题，这样一来，学生的逻辑思维能力、空间想象能力以及数学运算能力，还有学生的智力都得到了很好的发展，学生的创新思维也得到了很好的开发与提高。所以说作为初中数学教师，一定要充分利用多媒体的优势，调动学生的多种感官，让学生积极思考、探索，从而提高学生的创新能力。

（四）转变教学模式，合理设置情境

目前，小学生的生活与学习基本上是联系在一起的，他们没有过多地接触社会，因此，思维能力在一定程度上会受到限制，使得部分小学生思考问题的方法比较传统，根本无法将数学问题与实际生活相结合，大大影响小学生综合素质能力的提高。因此，在实践教学过程中，小学数学教育与信息技术的整合，必须快速转变教学模式，树立现代教学理念和观念，根据学生的实际学习情况和教学内容，合理地设置教学情境，才能将来自生活中的问题与小学数学教育难点、重点结合在一起，最终充分发挥信息技术的作用，确保我国小学数学教育水平的不断提升。通常情况下，信息技术的合理应用主要是让比较抽象、难度较高的数学知识点变得更加形象、生动，从而便于学生理解和教师讲解，教师可以省去很多板书的时间，以充分提高小学数学教育课堂时间的利用率，最终推动我国小学数学教育多元化发展。

三、浅论小学数学教学中应用多媒体技术的问题

（一）多媒体教学的“度”，切忌泛滥运用，反客为主

在运用多媒体设计小学数学课堂教学中，有些教师把整堂课设计成多媒体课件。这些课件从课题、题号到结尾，把课堂40分钟全部用多媒体课件控制起来，其结果是课堂教学活动呈流水线式的程序化的模式，教师成了实现这一模式的“机器操作者”，教师与学生之间的互动被一个冷冰冰的机器隔断，造成的后果是整个课堂的主题既不是教师，也不是学生，而是多媒体课件。多媒体要强调辅助性，运用多媒体不是替代传统的教学方法和教学手段，而是辅助课堂教学，使教师讲授的内容更丰富、更生动。

（二）注重多媒体教学的“实效性”，切忌华而不实

实践证明，课件只要运用恰当，就会取得事半功倍的作用，若使用不当则会画蛇添足。正确处理好课件的形式和内容的相对统一显得尤为重要。教师在选择课件或制作课件时既要注重课件的可观赏性，又要避免过多的感官刺激。画面格式、背景颜色、动画效果等外在形式确实可以吸引学生注意力，但是花样太多反而容易冲淡讲授内容，影响学生思维，分散学生的注意力。多媒体技术集语音、图形、文字、动画于一体，使“无声”的课本知识变得有声有色，能吸引学生在情感上和行动上积极参与，但多媒体技术在小学数学课堂中用得过“多”、过“滥”、过“花”，违背了学生的认知规律，也背离了多媒体辅助教学的“辅助”的本意，更弱化了教师在课堂教学中的主导作用。

结果是华而不实，喧宾夺主，冲淡了主题，分散了学生的注意力。

（三）注重多媒体教学的“生活性”，切忌脱离学生生活实际

在平时的数学教学中，有的老师为追求课件的美，选取的材料脱离了学生的生活实际，学生观赏课件后“雁过无痕”，课件不能很好地帮助学习的内容。有位老师在教学四年级数学垂直与平行时，选取了学校的一级一级石梯的图片、教室里黑板的图片、操场上每天攀爬的高低杠的图片，学生通过身边的平行、垂直现象，了解平行、垂直的特征，发现并交流身边还有哪些平行、垂直。这样，学生通过生活中的数学，觉得数学并不陌生，学习就有了动力，也使数学思维从直观体验中上升到抽象思维。信息技术作为现代教学的一种辅助手段，我们在教学时，要将它与传统教学手段有机结合，做到互相渗透，互相补充，把握使用的度，把握使用的时机，让它更好地服务于我们的数学教学，为我们的数学教学增色。

第四节　小学数学教育中的趣味教学研究

一、小学数学课堂中的趣味教育

（一）趣味教育概述

趣味教育是以人的心理情趣为主导，以全面发展人的心理素质和提高人的学习乐趣为目的，以受教育者的个体心理特征为基础，在教育者有针对性的启发和引导下，让受教育者自主性地、创造性地、有规律性地、不断地探索和发现新的知识、理论和真理。从而最充分地满足每一个受教育者的求知欲、创造欲和幸福欲的一种全新的教育和学习方式。在当今的现实社会中，应试教育仍然是其主要的教育方式。但应试教育已经越来越脱离社会发展的需要，越来越不适应社会发展的要求，而且，已经成为社会发展的重大阻力。人类社会急需一种适应人类政治、经济、文化、科学等各方面最佳综合发展的全新的教育理论和教育方式，趣味教育就是在这种形式下诞生的。趣味教育以人的个性心理特征为基础，特别强调寓教于乐、寓教于情、因材施教、分类教育、个性发展和自主教学。所谓自主教学就是学生根据自己的特点和需要，独立自

主地、创造性地学习各种科学理论和文化知识。而老师在这一教学过程中只起到必要的引导、启发和讲解的作用，趣味教育不仅是培养人的智能、增长人的知识，更重要的是培养人的情感智能，提高人的想象力、创造力和学习乐趣，把人培养成全面适应社会发展、适应社会心理环境和自我心理作用的幸福人才。

（二）小学数学教学中趣味性缺乏现状

在当前，学校中小学数学教育，只有教材、课标和教辅，却没有活力、生机及灵魂。长期以来，学生得到的数学教育，只有知识，却没有思维，没有活力，因此使很多孩子在学习数学的过程中感到枯燥、无味，甚至害怕学数学。在当前的小学数学教学中缺乏趣味性的现状是非常严重的，主要体现在以下方面：

相同的教材、相同的教参、相同的教案书、集体备课的方式，使老师们迷失了自己的方向，没有了独特的教学个性，没有创新，没有思考。

由于学校自身硬件条件的缺失，有的教学不能按先前预想的开展。

教学中缺乏创造性的学习方法，所有的学生同时面对同一数学题，总被要求用同一种标准、方法去解、去做、去学，并且每道题都只需有一个答案。唯一的解题方法、唯一的答案，这种教学方法长久下去，使得学生们的创造性不断丧失，孩子们的创新意识和思维能力都得不到好的发展。

教学过程中，老师们重视结果而轻视学生们发展思维和丰富经验的过程，也没有使数学学习内容与学生人生观、价值观的培养相结合。

二、小学数学教育中展开趣味性教学的意义

（一）小学生的学习心理发展特征

要想高效科学地展开小学数学教育，了解学生是非常关键的，尤其是在研究小学数学的趣味性教学中，只有抓住了小学生学习心理的发展特点，才能把握趣味教学在小学生数学教育中的意义。

（1）小学生的学习动机调查结果表明，整个小学阶段，主导的学习动机首先是为了好分数，不落人后，或为了得到表扬和奖励而学习。其次是为履行组织交给自己的任务，或为集体争光而学习。这表明小学生一般还不善于把学习和社会需要联系起来，其学习动机往往是直接与学习活动联系在一起的。年级越低，学习动机越具体，学习动机更多地与学习活动本身直接联系，与学习兴趣发生联系或受兴趣左右。

（2）小学生的学习兴趣最初对学习的外部活动感兴趣，逐渐对学习的内容感兴趣；

从不分化到逐渐产生对不同学科内容的初步分化；从对具体事实和经验的知识较有兴趣到对抽象因果关系的知识感兴趣。

（3）在整个小学时期，小学生的思维逐渐过渡到以抽象逻辑思维为主，但仍带有很强的具体性；小学生的思维由具体形象思维到抽象逻辑思维的过渡，存在着一个明显的“关键年龄”，小学生逐渐具备了人类思维的完整结构，同时这个思维结构还有待进一步完善和发展。

（二）趣味性教学在小学数学教育中的意义

1. 趣味性教学是新课改的基本要求

新的课程理念需要广大数学教师改变传统的教学方法，通过趣味教学的方法不断吸引广大学生，通过教师教学方式的不断转变，来把新课程所规定的新思想、新思路贯彻到课堂教学中去，这一点对于广大数学教师来说尤为重要。一直以来，由于受传统教学理念的影响，数学课主要是采取满堂灌的模式，以教师为主体，学生只是被动地去学习，其教学效果也不是很好。因此，为了能够按照新的教学理念去指导教学，趣味数学教学法对于广大教师和学生来说是一个比较好的方式。所谓趣味教学法，就是要求广大教师在课堂教学的过程中，通过研究教材，把教材中的内容通过学生们感兴趣的方式表达出来。具体到课堂上，它要求广大教师，通过对学生的研究来不断提高自身的教学水平和教学方式，通过教学方式的变化来吸引学生们的注意力，以达到督促学生们提高学习成绩的目的。这一点反映到小学数学课堂教学上，主要是要求广大小学数学教师能够把教材与实际生活相结合，通过教学方式的变化来吸引学生，以达到提高教学质量的目的。

2. 趣味性教学符合小学生的学习特点

小学生受到年龄和思想的限制，其在学习的过程中多以形象的具体思维为主，但是由于数学知识本身就具备较强的抽象性和逻辑性，所以对小学生来讲，数学学科的学习还是存在一定难度的。在这个背景下，很多学生容易知难而退，认为数学是一门很难的学科，最终丧失了学习的兴趣。因此教师想要将这一问题进行解决，就应该进一步帮助学生培养和激发对学习数学的兴趣，通过对其学习兴趣进行有效激发，学生在学习的过程中才能有更强的动力。而想要将其学习兴趣进行培养和激发，教师可以适当地在课堂中开展一些趣味性活动，营造出良好的学习气氛，对学生的注意力进行提升，以此更好地提升小学生学习数学的效率。

学生对数学的内在兴趣，是学习数学的强大动力。在数学课堂教学中，创设良好的教学情境，调动学生已有的知识和经验，激发学生学习数学的兴趣，让学生体会到数学与生活的密切联系，感受数学的广泛应用；或教师通过幽默机智的语言，拉近师生间的教学情感，才能让学生体验到数学学习的乐趣，大大提高数学课堂教学的有效性。针对小学阶段学生的特殊性，可以采用趣味性教学，这种教学方式不仅可以提高学生学习的积极性，还能帮助学生拓展思维。

3. 趣味性教学顺应小学生的心理特征

趣味教学，简单地来理解就是通过有趣的、能够激发学生兴趣的教学方法来提高学生在课堂上的参与性。小学数学是一门理科性质非常明显的学科，小学阶段的学生在数学学习上一般不会产生两极差异。从小学生的年龄心理特点出发，数学学科的教学主要是培养学生对数学学习的兴趣，根据自身的教学经验来看，学生对于数学学科的恐惧心理远高于语文、英语等学科，而且数学成绩的差异也明显大于语文、英语这两门文学性的学科。因此如何激发学生的学习兴趣、如何培养学生的学习兴趣就成了小学阶段数学教学需要重点探讨的问题。

趣味教学在不同的学科上是有不同的体现的，就数学学科来讲，趣味教学就是要从数学学科知识的基础上出发，结合数学学科知识，由教师提出一些有价值的能够吸引学生要求的或者是激发学生思考的问题，让学生进行探讨，由此培养学生的数学思维和对数学学科的学习兴趣。学习兴趣是使学生始终保持对一门学科学习热情的保障，趣味教学的首要任务就是要根据学生的特点，包括学习特点和心理特点进行教学。小学生在学习上处于打基础的阶段，学习方法基本上都是按照教师的方法来进行的，而对于学生的心理，教师是无法从根本上去改变的。学生正处于好玩的年纪，教师可以顺着学生的好玩之心，结合学科知识对学生进行兴趣的开发。

三、小学数学教育中建设趣味性教学课堂的原则

（一）建立良好的学习氛围

课堂教学是我们目前教学的基本形式，良好的学习风气是学生不断取得学习进步的外部氛围，是促进学生素质提高的一个重要因素。因此，教学中应注意以下几点：

1. 与学生充分沟通，交流情感

在教学过程中遇到问题时，应与学生建立一种友好的合作关系，让学生感受到师生“在共同解决问题”。在与学生沟通时，运用教师的感染力，主要是通过口头语言的传递，并借助于表情、手势、眼神等其他方式，使学生感受到亲切。教师的一言一行、一举一动都是在与学生进行情感交流，自己的语气、声调、动作既要有幽默感，

又要有分寸感，使学生不感到拘束。师生情感交融，“爱屋及乌”，学习兴趣油然而生。在知识传授上“同频共振”，在情感交流上“情绪共鸣”。

2. 尊重学生的个性发展，发扬民主教学

尊重学生的个性发展，不打消学生积极性，教学中允许学生各抒己见，给学生创造一个能主动探索的条件，提高学生学习的主观能动性。但是，课堂上的民主式不是放任自流，关键是教师的引导。具体讲，一方面教师对学生要提要求，有约束，如该记的必须记，该熟练掌握的必须熟练掌握；另一方面，鼓励学生积极讨论问题，说出想法，提出意见。在教学过程中，要注重学生个性发展，并给予精神上的积极鼓励。对学生提出的有价值的信息，教师做出明确肯定的判断后，加以参考，并适当调整教学方案，使授课更适合学生。

（二）创设有趣的教学情境

教学情境是教师根据教学目标和教学内容，有目的地创设服务于学生学习的一种特殊的教学环境，利用外部刺激学生的感官，引起学生的好奇心，让学生结合已有的经验，激发学生的学习兴趣，产生内在的学习动力，从而达到最佳的学习状态，使其主动参与到学习活动中，在发现问题、解决问题的过程中学习。新课程标准特别强调学生问题意识的形成和培养，强调数学教学应以“问题情境——建立模型——解释、应用与拓展”这根主线逐步展开。教学情境的创设既是教学设计中的一个重要环节，又是小学数学教学中常用的一种教学策略。教师应创设恰当的教学情境来点燃学生的好奇心，从而使学生发现问题，并提出问题。因此，在教学实践中，教师要想方设法创设问题环境，引导学生主动参与到学习活动中。

（三）使用新颖的教学方法

苏霍姆林斯基说过：“兴趣并不在于认识一眼就能看见的东西，而在于认识深藏的奥秘。”小学生好奇心强，求知欲强烈，容易被新奇的事物吸引。这就要先在学生面前揭示出一种新的东西，激发起他们的惊奇感。这种情感越能抓住学生的心，他们就越迫切地想要知道、思考和理解。这就需要我们要善于用新颖的教学方法引起他们对于学习内容的好奇感，从而神情专注、兴趣盎然地投入到学习活动中来。

四、浅谈构建小学数学趣味课堂的策略

（一）改善学校教学环境，善用趣味性装饰

小学生对于世界还处在特别好奇的阶段，数学本身属于较为枯燥的学科，因此可以从周围的环境上加强小学生对于数学的兴趣。所以改善学校教学环境，提高趣味性装饰是促进小学生数学学习的重要手段。一方面，可以从学校的大环境着手，加入多种数学元素。例如：可以在学校的墙壁上设置各类数字的装饰，让数字融入小学生日常学习和生活中；还可以在学校建立各类数学界名人的画像，让小学生能够在日常生活中学习到这些知名数学家的趣闻，从而增强他们对于数学学习的热情，通过外在环境让数学思想融入小学生日常学习生活中。另一方面，增加教室环境的布置。这与学校外在环境一样，都是为了让数学思想渗透到小学生整个学习过程中。因此，在教室的布置上可以和学校外在的环境呼应起来，比如在教室后面墙贴上数学家的画像。同时，如果条件允许的话，可以给每个小学生的桌椅设置成个性化的数字，让小学生对数学产生浓厚的兴趣。对于小学生而言，数学的教学活动中应该尽可能地增加趣味性，使其在快乐的氛围中学习数学知识。

（二）加强课堂教学趣味，提升教师的素质教师

在小学生课堂教学中占主导地位。这是因为小学生还不具备完全独立思考的能力，在日常学习中需要依靠教师的引导。因此，教师就肩负起引导小学生提高对数学学习的兴趣。这就需要教师自身也不断提高能力，才能在日常教学中融入新的教学理念。一方面，要提高教师个人素质。教师个人素质的高低直接关系到日常课堂教学水平的高低。小学生的模仿能力很强，如果教师在教学过程中有不好的示范，必定会影响到小学生的想法。严重的，还可能会让小学生形成终身的坏习惯。所以，教师尤其是小学教师更加应该积极努力地提高个人素质，让自己各方面的能力，包括日常教学能力、接受新事物的能力、理解领悟课本含义的能力等都有提升，以做好小学生的好榜样。另一方面，教师应该通过转变教学模式，让数学课堂教学更加生动有趣。

在加强课堂趣味教学方面，教师可以从以下三个点入手：

1. 引导学生动手操作

教师要重视实践教学，要将教学任务贴近现实生活，提高学生的认知能力，培养学生独立思考的思维能力。比如为了让学生知道什么是“统计”的概念，让学生对当地最近十天的温差变化进行记录，然后按照所教过的方法分别完成统计表和折线统计图的制作，从而使得学生能够直观地观察过去 10 天内的温度变化情况，还可以以此

对未来一段时间内的气温变化做一个大致的估计，从而实现了学生从学习到实践这样一个过程，加深他们对知识点的把握。然后在课堂上对学生的气温统计情况展开讨论，然后看谁的预测比较接近实际的温度变化，然后给予他们一定的鼓励，这种学用结合的教学方式常常能够获得意想不到的教学效果；再比如，银行“利息”的计算问题，通过让学生到不同的银行去了解他们不同的利率，然后对这些信息进行汇总统计，通过计算一定钱数的利息差异，达到一定的教学效果。这些事例说明，只有将数学知识与现实生活紧密联系起来，才能帮助学生感受到数学知识的用处，从而激起学生学习数学的热情。所谓“动手能力”就是实际操作能力。在课堂教学中，进行手脑并用的操作活动是十分必要的。七八岁的孩子很好动，如果把他们好动的特点迁移到学习上，让他们在学习时常常摸一摸、摆一摆，可以激发他们的学习兴趣，加深对知识的理解。因此，在教学中，可以常常让学生动手摆一摆小棍、圆片、三角形、小动物或摆算式等。

2. 形式新颖的练习方式

心理学研究发现：人的注意力集中程度与年龄有关。通常小孩子比较活泼好动，这是他们的天性，所以很难让他们保持高度集中的注意力。而且学生们每天的学习任务繁多，常常是很难坚持整节课都保持注意力高度集中，因此教师应重视劳逸结合，适当地放松学生紧绷的精神状态。通过适当地安排一些趣味性的练习，穿插于教学之中，使儿童的大脑在疲惫或注意力失散的情况下，可以继续维持或者恢复到兴奋的状态。练习的设计要根据学生的不同特点体现趣味性和层次性。要把学生获得的知识变为技能，需要反复多练。采用多种感官参与的方法。如在组织学生做口算练习时，除了大家常用的视算、听算和对口令外，还可以用“打手势算”的练习方法。总之，练习的形式要新颖化、多样化。

3. 灵活多变的游戏活动

通过对小学生爱玩的天性进行发掘，制作出一些充满趣味、有竞争性的数字游戏，在课堂上让所有学生都参与其中，提高他们的学习热情。一旦学生对学习产生兴趣，就会积极、主动、自觉地学习，同时还能够提高学生的课堂注意力。小学生的抽象思维能力较弱，他们对具体形象的内容、生动活泼的形式、新奇动人的事物比较敏感，特别是对那些能演示的过程更有兴趣，更能激发他们的学习兴趣，增强学习效果。因此，教师在教学过程中要坚持直观形象的原则，借助一些直观、形象的教具进行课堂教学，以丰富、深化学生的感知。教师在教学中善于变换教学方式，通过做有趣的数学游戏，让他们在玩中学，可以使学生对学习产生浓厚的兴趣，把容易分散的注意力吸引过来，收到良好的教学效果。可以采用的游戏活动有开火车、接力赛、夺红旗等。教材中的一些练习题，在做法上稍加改变，也会深受学生的欢迎。因此，一堂生动的游戏课，可以调动全班学生学习数学的积极性，在玩中复习，巩固所学的知识。

（三）学生发挥主观能动性，培养数学的兴趣

尽管小学生还不具备独立思考的能力，但是他们对于这个世界的学习能力和模仿能力都很强。因此，小学教师就应该抓住小学生这个特点，从小培养其发挥主观能动性，提高对于数学钻研的兴趣。有心理学研究说：一个动作坚持21天，就可能成为一个习惯。所以，如果教师每天坚持让小学生学习数字，培养数学兴趣，总有一天会让数学成为他们生活的一种习惯。数学看似很简单，都是数字的运用。但随着学习的深入，数学学习也在逐渐加大难度。如果从小就没有打好基础，将来也必定会影响到对数学的学习。一方面，可以通过布置独立的课后作业，让小学生和数学学习的接触增多。另一方面，要增强课堂教学的互动性。尽管小学生还不具备独立的思考能力，在数学学习中不能够完全独立自主，但是教师在日常教学中不应该只是单纯地教授知识，而应该将理论联系实际，通过实际生活和数学紧密联系，增加小学生课堂互动性。

要培养小学生勇于提问，积极参与各类课堂问答，让课堂气氛活跃起来。小学数学课堂教学中，教师占据绝对的主导地位，但是并不是要坚持教师单向传递知识给学生的传统模式，而是应该在新课程改革的指导下，坚持学生和教师的互动性。让数学课堂趣味性来带动小学生对于数学学习的兴趣，增加对于数学学习的积极主动性。教师在其中主要担任引导的作用，通过教师积极的引导，让小学生掌握正确学习数学的方法，也为今后整个数学的学习打好坚实的基础。

第五节　素质教育背景下鼓励学生进行自主探究

一、自主探究式课堂的构建策略

（一）自主探究性教学概述

探究性教学是在新课标指导下，在教学的实践过程中，以培养学生的科学态度与精神、发展学生的自主探究能力而建构的一种教学活动和教学策略的体系。作为小学

数学教育的一线教师，顺应素质教育和新课程理念的要求，对小学数学课堂教学进行改革与创新，势在必行。因此，对小学数学探究性教学进行研究，具有重要的意义。

1. 自主探究性教学的特征

（1）合作交流性。探究性教学是否可以取得实际性效果，要取决于学生是否参与、怎样参与和参与多少探究性的交流活动过程，即探究性教学是师生交往、合作交流的教学过程。该过程包括师生合作、生生合作与小组合作，等等。在小学数学探究性教学中，只有学生主动参与教学过程，才能让数学课堂充满生机和活力。

（2）自主创新性。探究性教学是一个民主、平等的对话与交流的过程。学生可以就小学数学探究性教学过程中的任何问题与教师进行交流，保持好奇心和探究行为，激发学生的思维，鼓励学生不断思考与实践，大胆创新与想象，从而唤起学生学习的主动性与积极性。

（3）探究创造性。小学数学探究性教学的目的在于有效解决数学教学中出现的问题。因此，数学教师应该善于发散学生的数学思维，并有效引导学生发现、提出、解决问题，培养学生独立分析、解决问题的实践能力和创造能力。

2. 自主探究性教学的优缺点

自主学习能使学生独立思考问题的能力提高，遇到问题用自己的思维方法来解决，这样整个学习过程就变成了学生自主探索、积极发现规律的学习创造过程，这样做会大大地促进学生自主探究学习的新方法的实施，也能大大地提升学生的智力潜能。而合作探究的学习方式，是在自主学习的基础之上进行的，它充分体现了以学为主、以大家合作为手段的互教互学互助的活动。探究合作学习提高了很大一部分学生的积极性，许多学生已能渐渐主动地参与到学习过程中，并在合作学习中体会思维交流的乐趣，尤其是优秀学生积极性很高。但是与此同时，仍有一部分学生处在“自由乘客”状态，“自由乘客”指小组讨论中没有真正参与进来的学生。小组合作探究的实质作用还没有很好地发挥，一些好学生常常带领讨论（大包大揽、一言谈），使小组有些成员的积极性下降，产生了一些思维惰性，这也是自主探究性学习中容易出现的弊端。

（二）浅谈自主探究式课堂的构建

1. 建立和谐的、民主的、“安全”的课堂氛围

自主探究学习是指学生在学习和生活中主动发现问题、探究方法，并在教师的适度点拨引导下，体验知识的发生和发展过程，感悟到原创性的知识。科学探究能力的培养应立足以学生为主体，要充分发挥学生的探索潜能，首要的是要创设一个民主和谐，并使每位学生感到“安全”的课堂氛围。学生们敢于质疑，敢于发表个人的见解（个

性化的解读），即使是将被事实证明的片面或错误的观点。只有在新型师生关系的基础上，学生思维冲破了旧教学观念的束缚，才能有学生自主提出的科学探究的前提——问题，才能呈现多彩的学生个性化的猜想与假设，才能展示出自主探究的各自不同的探究方案及结论表述。当然，要善于赞赏学生们的敢说，还要善于引导学生们会说，会提出有探究价值的科学问题，这就需要教师在日常的课堂教学中，要有目的、有计划地引导和鼓励学生善观察、勤思考，养成良好的思维习惯，同时引导和鼓励学生积累生活和学习经验。

2. 建立“小组合作学习”的探究平台

合作探究学习有以下几个方面的要素：积极承担在完成共同探究任务中个人的责任；积极地相互支持、配合，特别是面对面的促进性的互动；期望所有学生能进行有效的沟通，建立并维护小组成员之间的相互信任，有效地解决组内冲突；对于各人完成的任务进行小组加工；对共同活动的成效进行评估，寻求提高其有效性的途径。新课程倡导“主动参与·乐于探究·交流合作”的学习方式，给课堂注入了活力，学生兴趣高、热情浓，一派生动鲜活的景象。但是由于目前小学的班额较大（一个班60多学生），要真正做到让每一位学生都得到发展，必须搭建教学交往的二级平台——“小组学习”平台。

3. 建立自主探究式教育模式

教学模式是为了实现特定的教学目标，在一定的教育理念和教学思想的指导下，在特定的教学活动中，经过反复的实践而归纳出来的一般的较为稳定的教学结构和可供操作的教学步骤。教学活动中教师组织学生积极主动地参与新知识的探索与形成过程，既不能忽视，更不能代替学生的思维和体验，而是尽可能使教学靠近学生的最近发展区，通过设计恰当的教学程序——教学模式，指导学生从已有的知识经验出发，探索新知识、掌握新方法。这个模式立足于学生自主意识和自主能力的培养，在各个环节中突出学习探究的过程与方法，并渗透了价值与情感的培养，在课堂教学中具有很强的操作性。

4. 合理开发，保障学生自主探究学习需求的课程资源

课程资源包括文字教学资源、多媒体教学资源、实验室资源及社会教育资源。就广大基层特别是农村小学来说，应关注如下几个方面：首先，要合理且充分地利用好学生手中的教科书，“用教材教”，使学生构建基本的知识脉络；图文并茂，儿童生活化气息较浓的人教版教科书，是增强学生兴趣、养成学生自主阅读习惯的良好课程资源，切不可掉以轻心，甚至弃而远之。其次，开发利用好现有实验室的课程资源，

自实施新课程标准以来，按以前教学大纲配套完备的数学实验室，实验器材已远远不能满足课堂需求。

新课标实验器材的短缺给小学数学教学带来了很大的困难，如不切实加以解决，势必会重蹈黑板（课件）上做实验的怪现象。可喜的是，不少教师根据本校实际，改造和制作了一系列具有特色的教具，给学生的自主探究活动提供了不少资源，满足了部分需求。更为重要的是，通过鼓励学生设计个性化实验方案和选择个性化的实验器材（物品），使学生借用身边的物品，敢于按照自己的思维方式和技能本领进行自主科学探究，既有利于学生创造性学习探究习惯的养成，又有利于学生创新思维和技法的形成。

综上所述，新课程标准下，我们在教学工作中要不断更新自己的教育观念，将全面的教育理念转化为教学行为，不断去实践新课程标准提出的“人人学有价值的数学，人人都能获得必需的数学，不同的人在数学上得到不同的发展”的要求。

5. 加强探究性教学的理论学习

进行小学数学探究性教学，需要一定的理论作为实践的基础。新课改后，探究性教学得到了广泛的普及及应用，但是对一线教师的理论培训和能力要求却一直滞后于探究性教学的进程，导致探究性教学实施过程与效果不是很理想。因此，对相关理论进行系统的学习与思考是小学数学教师进行探究性教学的重要内容与基本策略。只有充分掌握探究性教学的相关理论，在理论的指导下，数学教师的探究性教学实践水平才能不断得到提高，并将探究性教学理论转化为现实的探究性教学实践，以减少探究性教学的盲目性，最大限度地提高小学数学探究性教学的有效性。比如，相关部门可以针对小学教师进行集中、专门、系统化的培训，让探究性教学这一新的教学理念深入教师的内心，也可以组织进行探究性教学的示范课活动，强化小学数学教师对探究性教学的交流和思考，互相提高、互相促进。

6. 充分发挥教师在探究性教学中的引导作用

在小学数学探究性教学模式下，学生是学习的主人，教师是学生探究的组织者、引导者和合作者。在实施探究性教学中，数学教师就必须转变固有的教学理念，尊重学生学习的主体地位，不断鼓励学生的探究意识，科学引导学生设计探究性的问题，并仔细了解探究性教学活动是否达到了教学的目的，并在探究性教学活动结束后引导学生对所学的知识内容进行回顾、总结与反思。比如，在探究性教学活动前，教师要强调该活动的主题，提醒学生注意相关的资料和信息，明确探究性教学活动的要求，并对探究性教学活动所采取的方法与对策进行示范；在探究性教学活动中，数学教师还应该进行巡视，在必要时给予学生指导、帮助、点拨与启发；另外，数学教师应该注意探究性教学活动介入的时机，如果介入太早，就会减少学生自主发现、解决问题的机会；介入太晚则会导致学生过久地处于盲目状态，不仅浪费课堂教学时间，也会严重影响探究性教学任务的有效完成。

7. 选择合适的探究性教学内容

（1）探究性教学内容不能过于复杂，一定要与学生已有的知识水平和经验相符合、相联系，并符合学生的认知发展水平，即探究性教学应该是学生根据自己已有的知识能力，付出一定思考与劳动就可以被理解或者基本能解决的。不能太容易，否则就会因为缺少悬念和挑战性而失去探究性教学的价值；也不能太难，否则会打击学生学习的积极性，让学生产生挫败感。

（2）探究性教学内容要具有趣味性。实践表明，那些来源于生活中的、超常规但又在情理之中的、具有一定趣味性的探究性教学的内容，可以充分激发学生的内在学习热情、学习动机和探究欲望，有助于学生尽快进入自主探究学习的状态。

（3）探究性教学内容要遵循一定的可操作性原则，即要得出正确的结果。反之，如果探究性教学内容缺乏可操作性，则可能得出错误的结论，对学生产生误导。

二、小学数学课堂中引导学生自主探究的方法

（一）让学生自己去发现问题

在教学中，把学习主动权还给学生，让学生自己主动发现问题，探索新知，这对学生来说印象、感受最深，理解得也最深刻。教师应培养学生这种自主探求、积极思考的良好品质。如在复习分数应用题时，出示了这样一道补充问题的应用题："饲养场买来公鸡 9 只，母鸡 36 只"，并鼓励学生可以通过各种想法，提出不同的问题。思考之后学生提出："公鸡是母鸡的几分之几？母鸡是公鸡的几倍？公鸡比母鸡少几分之几？母鸡比公鸡多百分之几？母鸡占买来鸡总数的几分之几？公鸡占买来鸡总数的几分之几？"短短几分钟，没有经过老师任何提示，学生积极主动，自主学习得出了 6 个答案。这样做学生既灵活运用了知识，又掌握了本课学习的重点，在猜的过程中，在说的过程中，他们的语言表达能力提高了，更重要的是促进了他们的发展，激发了他们的质疑精神、探索精神，其教学效果要比教师一味地讲解好得多。

（二）给学生提供想的机会

1. 大胆的猜想

让每个学生在已学得的知识经验、能力水平和学习方法的基础上对问题的结果进行大胆的猜想有助于提高学生的学习兴趣，活跃思维，促进智力的发展与提高。例如教学圆锥体积计算时，通过指导学生用等底等高的圆柱与圆锥体做量沙实验，在操作实验的过程中，同时引导学生思考，并启发学生提出问题。善于勤奋思考的学生就主动提出问题：在圆柱体与圆锥体不等底不等高的其他情况下，圆锥体积也是圆柱体积的 1/3 吗？就再引导学生对等底不等高、等高不等底、不等高不等底的圆柱圆锥体积进行转化，得出圆锥体积等于等底等高圆柱体积的 1/3。这样通过让学生自主提出问题，教师再做适当引导，使得学生对圆锥体积计算公式理解得更深刻。如教学“圆面积计算”时，先让学生在教师的引导启发下，自己提出问题思考，让学生带着问题去探究。通过动手操作，学生自己发现了圆的面积公式。整个教学过程教会了学生探求新知识的本领。

2. 充分的思考

每个学生对待问题都有自己的看法。我们在教学中要善于激发学生思维的火花，给他们留出一份自由自在进行思考的空间。例如在学习了分数的认识后，让学生取一张正方形纸，把它折出面积相等、形状相同的 4 份。大家的兴致很高，很快得出 4 种折法。这时教师不能急于告诉学生其他折法，而是鼓励他们再想想还有别的折法，造成了悬念，激起了学生积极探索的欲望，促使他们去进一步思考、尝试，终于又得出了 3 种折法，勤于思考使学生们品尝到了成功的喜悦。

（三）让学生想说就说

语言是思维的物质外壳。语言和思维的发展又是密切相关的。而小学生的语言表达能力和思维能力的发展又表现为不同步性，分析问题往往看到了、想到了，但就是表达不出来，再加上数学学科特有的抽象性、逻辑性，使学生更是感到无从说起。针对这种情况，作为教师，首先要不断鼓励学生，使他们敢说、爱说，怎样想就怎样说，说错了再重说，培养学生慢慢学会说话。其次，课堂中还应充分利用讨论的机会，锻炼学生去说。如在学习“时分的认识”一课时，学生对“时针指在 2、3 之间，分针指在 11”时，是 2 时 55 分还是 3 时 55 分出现了不同意见，让学生结合自己手中钟表模型分组讨论、探索，最终得出了统一答案。这样学生在获取知识的同时，表达能力也得到了很好的锻炼。

（四）放手让学生去做

好动、具有强烈的好奇心是小学生共有的特征。教师在教学中应根据他们好奇、好动的特点，通过动手操作和多种感官的参与活动来引起学生的兴趣，集中注意力。如在活动课“有趣的七巧板”中，在制作之前，先引导学生观察7种图形的大小、位置，然后让学生根据自己的想法制作。在进行拼图练习时，首先引导学生观察图形，在掌握了基本拼图要领后，照着书中图形拼图，继而让学生大胆创新，拼出自己喜爱的图形。在活动中充分让学生动手操作，发展创新意识。又如，在学习了长方形、正方形的周长计算以后，问学生：一根16厘米长的细绳可以围成几种不同的长方形？学生根据已学得的知识讨论得出：16厘米就是所要围成的长方形的周长，周长 ÷2 就是长方形的一个长与一个宽之和。然后借助钉子板，实际动手操作，积极思考，并结合小组讨论各抒己见。大家学习的积极性非常高，课堂气氛十分活跃。

（五）教给学生数学思维的方法

教给学生数学思维的方法，犹如交给学生一把开启数学智慧之门的“金钥匙”，这就是人们所说的“授人以鱼，不如授人以渔”的道理。学生一旦科学地掌握了数学思维的方法，他们举一反三、触类旁通的学习能力便大大增强，他们就可以运用数学思维方法这个“武器”，去探索数学世界的奥秘，去解决现实生活中遇到的数学问题。因此，教给学生数学思维的方法，注重提高学生的数学能力，是在小学数学教育中实施素质教育最现实的目标和具体途径。

（六）提供给学生自主探究的空间

要实施自主探究的课堂教学，就必须要创造一定的情境，以此来提出问题进行探究，让学生有独立思考的空间。教师要起到好的引导作用，创建出合理的真实情境，最大限度地激发学生的兴趣，让学生从以往被动式地对知识接受转变为自己自主地对知识进行学习。教师在数学的教学中可以设置一定的纠错情境，训练学生的逻辑推理能力，创造出一定的实验情境，训练学生的实践能力。探究式的教学就是要突出学生进行独立思考的过程。教师要转变自己的角色，由知识的传授者变为和学生一起进行探究的合作者，创造出一种师生平等的氛围，与学生建立起良好的友谊，才可以更好地对学生进行引导，促使学生积极地参与到课堂教学中，激励学生创新能力的发展，让他们在思维相对灵活开放的状态下学习数学。

（七）实行合作式的学习方法

每一个学生都有各自的个性，对知识的接受程度也是不一样的，教师要充分尊重学生的差异性，引导学生实行合作式的学习方法。教师要在进行分组时均衡学生的成绩与接受能力，保障每一个合作小组里都有表达能力强的学生、观察能力强的学生，指导学生在小组中进行互帮互助的学习，并让那些性格内向的学生也可以参与进来，使得课堂上的每一个学生都可以学到知识。

（八）把整理与练习相结合

教师上练习课的主要的目的就是进行查缺补漏，对知识进行系统的整理和使用的训练。知识的掌握和能力的培养一定要通过练习才可达到，对所学的知识进行合理的整理并配合一定量的练习才可以真正地把知识学到手。在进行练习的过程中要从简单到复杂、从基本的形式到变动的形式，渐渐地由低级向高级发展，对不同的学生进行不同程度的练习，这有利于推动学生进行自主的积极思考，激发解题的思路，调动学生的思维活力，从不同的角度对问题进行解答。通过一系列的训练，学生的思考能力会不断增强，极大地提高数学课堂的教学效率。

（九）设立问题情境来发现数学问题

数学的教学始终是围绕问题的解决开展的，设置一个好的问题可以很好地启动学生的思维活力，这也是学生自主探究学习的重点。在小学的数学教学中，教师可以利用现代化的多媒体技术创造出一些真实的情境，激发学生学习数学的好奇心，还可以创造出一定的质疑式的情境，把被动的接受变为自主式的探究，通过一些有思考价值的问题情境，引导学生找出知识之间的联系，在知识应有的过程中发现问题。这样，能让学生在实际的生活中发现问题并运用自己的知识进行解决，激发他们进行自主探究的兴趣。

（十）让学生学会使用工具动手操作来分析数学问题

学生通过自己动手，可以更好地理解数学中抽象的概念，提高逻辑思维能力。教师要提供一些有趣的数学学具，充分地调动学生的积极性。如让学生对不同的四边形进行组拼，有些学生拼出了正方形，有的学生拼出了长方形，这时他们就可以发现图形之间变化的规律，不同的排放规则可以拼出不同的图形。

（十一）在实践中学习数学

教师在对自主探究的内容进行选择时，要尽量使学习的内容贴近现实，加大数学与实际生活的联系，使学生体会到学习数学的乐趣和数学的实用性。教师要引导学生对知识进行一定的拓展，把课堂上学到的知识运用到实际的生活中。同时，教师要改变以往死板的教学方式，根据新课程改革的标准对学生的思维能力进行训练，让学生对出现在自己身边的问题进行分析，在寻找答案的实践过程中找到学习数学的乐趣。

（十二）小结升华探究成果

小结是一节课的尾声，在探究学习中，学生通过自己的艰苦努力与探索，探究出的结果丰富多彩，但有些是杂乱无章的。这些结果凝结着学生探究的辛苦，但却有错有对。小结要求教师因势利导，对于正确的、合乎逻辑的结果予以充分的肯定，对于错误的甚至是不着边际的结果要巧妙地进行处理，注意保护这些同学探究的积极性和主动性，绝不能武断地予以全面否决，要找出适当的契机给予鼓励，消除他们的心理障碍，使他们确信“我能行”。教师最终要将规律性的结果准确地展示给学生，使学生对照自己的探究过程，从中体味成功的喜悦，使他们有一种成就感、自豪感，增强他们对知识奥秘探究的信心与决心，同时深化对数学知识的理解。

（十三）课外延伸迁移与拓展探究外延

课堂教学的结束并不意味着整个探究性学习活动的结束。这一活动在课外的延伸，对提高学生的探究水平和综合解决问题的能力具有极大的促进作用。探究成果向课外拓展、延伸，让学生到更广阔的时空去探究创造，可激励学生的探究欲望，激发他们的学习兴趣，促进课堂学习。

参考文献

[1] 叶立军 . 数学教师课堂教学行为比较研究 [D]. 南京师范大学 ,2012.

[2] 黄荣金编著 . 数学课堂教学研究 [M]. 上海教育出版社 , 2010.

[3] 林晓新 . 合作探究式教学法在初中数学教学中的应用与实践 [J]. 读与写 ,2017,14（1）:236-198,199.

[4] 张晓贵编著 . 数学课堂教学的社会研究 [M]. 安徽教育出版社 ,2007.

[5] 王光明 . 高效数学教学行为的归因 [J]. 数学教育学报 ,2010,19（05）:75-79.

[6] 柯雅梅 . 我国小学数学教学大纲与课程标准的理念变化及其争议 [D]. 华东师范大学 ,2018.

[7] 王秋颖 . 数学课堂中的提问技巧初探 [J]. 辽宁教育行政学院学报 ,2010,27（12）:120.

[8] 李香淑 . 中学数学小组合作学习的探究 [D]. 延边大学 ,2017.

[9] 王晓燕编著 . 小学数学教学方法与探究 [M]. 成都：电子科技大学出版社 , 2015.06.

[10] 田刚飞 . 数学“导学案”与“3+1”课堂的对比研究 [D]. 陕西师范大学 ,2016.

[11] 高静波，刘艳艳，石祥著 . 数学课堂模式改革与教学实践探索 [M]. 长春：吉林人民出版社 , 2017.09.

[12] 叶立军 , 斯海霞 . 当前初中数学课堂教学存在的问题及其对策 [J]. 天津师范大学学报（基础教育版）,2010,11（02）:52-55.

[13] 吴立宝，赵思林编著 . 小学数学教学与案例研究 [M]. 成都：四川大学出版社 , 2014.08.

[14] 王培璐 . 小学数学“体验式”教学的校本研究 [D]. 云南师范大学 ,2017.

[15] 林良富著 . 超越模式的小学数学课堂教学 [M]. 北京：教育科学出版社 , 2013.05.

[16] 孙彩虹 . 小学数学高效课堂如何有效开展小组合作学习模式 [J]. 西部素质教育 ,2016,2（12）:174.

[17] 王昕 . 数学教育与数学文化—在数学教育中培养数学素养 [D]. 湖北师范大学 ,2017.

[18] 王新民，吕晓亚编著 . 小学数学教学策略研究 [M]. 成都：四川大学出版社 ,2015.09.

[19] 王宏光 . 创建快乐数学课堂模式的实践研究 [D]. 河北师范大学 ,2012.

[20] 石颐园 . 关于数学课堂提问有效性的思考 [J]. 教育理论与实践 ,2010,30（20）:53–54.

[21] 赵武立编著 . 小学数学课堂教学理论与实践 [M]. 北京：首都师范大学出版社 ,2015.03.

[22] 孙延洲 . 基于创新思维培养的中学数学教育研究 [D]. 华中师范大学 ,2012.

[23] 马作炳 , 段彦玲 , 刘英辉编著 . 数学教学与模式创新 [M]. 长春：吉林人民出版社 ,2017.06.

[24] 叶秀平 . 小学数学教学中学生创新意识的培养 [J]. 2016,13（17）:239–239.

[25] 赵建红，吴湘云，陈映明主编 . 数学教学技能训练实证研究 [M]. 昆明：云南大学出版社 , 2015.03.

[26] 刘云 . 高中数学教科书中探究内容的使用研究 [D]. 西南大学 ,2016.

[27] 朱燕青著 . 小学数学教学实践与研究的足迹 [M]. 上海：上海教育出版社 ,2014.04.

[28] 闫东 . 层级互动式教学模式及其在高中数学教学中的实践探索 [D]. 西南大学 ,2016.

[29] 刘敏霞 . 关于如何提高高中数学学习兴趣的思考 [J]. 中学课程辅导（教学研究）,2015,9（32）:191–191.

[30] 吕晓亚，王新民编著 . 小学数学教学研究与案例分析 [M]. 成都：四川大学出版社 , 2014.08.

[31] 张文超 . 小学生数学语言能力发展的教学模型研究 [D]. 西南大学 ,2017.

[32] 侯颖亮 . 高中数学教学中如何调动学生学习积极性 [J]. 学周刊 ,2018,9（9）:71–72.

[33] 赵思林，潘超编著 . 高中数学教学研究与案例 [M]. 成都：四川大学出版社 ,2014.10.

[34] 黎利平 . 生活化的小学数学教学在新课改发展中的分析 [J]. 读写算（教研

版）,2015,5（7）:281.

[35] 庄华英 . 小学数学“四生课堂”的实践研究 [D]. 湖南师范大学 ,2016.

[36] 陆学政著 . 高中数学教学浅谈 [M]. 上海：上海科学技术出版社 , 2014.07.

[37] 段克辉 . 小组合作学习模式在小学数学教学中的应用研究 [J]. 中学课程辅导(教学研究）,2016,10（5）:56,57.

[38] 郭玉峰 . 数学基本活动经验研究 [D]. 东北师范大学 ,2012.

[39] 蒋世信著 . 高中数学教学与解题艺术 [M]. 北京：中国林业出版社 , 2006.01.

[40] 丁文仁等主编 . 高中数学教学设计 [M]. 兰州：甘肃文化出版社 , 2001.

[41] 黄跃华 . 高中学生数学思维品质塑造的课堂实践研究 [D]. 苏州大学 ,2016.

[42] 高飞主编 . 高中数学教学中的问题与对策 [M]. 长春：东北师范大学出版社 , 2010.05.

[43] 朱丛高 . 新课改下高中数学教学有效性探析 [J]. 中学课程辅导（教学研究）,2018,12（5）:88.